全社員でチームを動かす

プレイングマネジャーのルール

マイスター・コンサルタンツ株式会社
代表主席コンサルタント
小池浩二

あさ出版

著者メッセージ

はじめに

現在プレイングマネジャーには、チームをまとめる以外に、戦略的な動きで会社・チームに業績をもたらす仕事が求められています。このベースとなるチーム運営が、全社員でチームを動かすシェアド・マネジメントスタイルです。この時代には、カリスマリーダーシップの求心力でチームを動かす方法は合っていません。

本著ではこのスタイルに必要なシステムやノウハウ、スキルを習得して成長したプレイングマネジャーやチームの事例、実践している企業の実例を数多く紹介しています。明日から現場で活用できる実験済みの方法です。参考にしてください。

21世紀に入り、人・チームを動かす技術にも変化が求められています。昭和世代の上司から教えてもらった緩やかな仕事のやり方と、部下のゆとり世代の価値観の狭間で悩んでいる、30歳以上のリーダーが非常に増えています。２０１９年の新元号以降に生き抜く私たちは、仕事の基礎的スキルをベースに仕事をすることが求められています。そのため、リーダーの個人としてのコミュニケーションルールの習得は不可欠となるため、リーダーのスキルルールについてあえて最後に触れています。

また、本著では読者の皆さんにとくに理解していただきたいテーマを動画でご説明したいと考えています。著者が自ら解説したり、実例企業の経営者や成長したプレイングマネジャー本人へのインタビューを確認できる、今までにはないセミナー方式にチャレンジしています。よろしければ、該当ページにＱＲコードがありますので、スマートフォンなどの動画視聴端末機で視聴してください。

最後に、プレイングマネジャーの育成システムをともに開発してきた相棒の西村さん、福田さん、太田さん。研修に参加していただいた企業の経営者、研修生の皆さま。若い世代の価値観や触れ合い方法について身をもって教えてくれた倅の大徳に感謝いたします。

本書が、皆さまのチームや会社の飛躍のきっかけになれば、それ以上の喜びはありません。

２０１９年

小池浩二

はじめに　2

序章　マネジメント方法も人の役割も変わった

「答えがない」ことを自覚する　18
マネジメント次第でチャレンジする部下が育つ
何も手を打たないと会社はどうなるか？
危機感と行動変化は比例する関係にある

「考える社員」を増やす　22
変化構造を考える社員が会社の中に何人いるか
考える行動習慣を身につけよう
自分で判断するから成長できる
根拠となる判断基準を考える

←このマークがついている箇所は著者が自ら解説したり、実例企業の経営者や成長したプレイングマネジャー本人へのインタビューが視聴できるＱＲコードがついています

チームを動かす仕事は全員でやる 26
全社員に求められる、2種類の仕事
全社員で社会の変化に、仕事の質を合わせる
まずはサブリーダーをレベルアップする

第1章 時代に合ったシェアド・マネジメントのルール

ルール 01 メンバーとやるべきことを共有するリーダーが結果を出す 30
変化する環境に適合する
全社員参画がポイント
リーダー役はリーダーだけのものではない
リーダーシップは訓練すれば身につくスキル

ルール 02 メンバーシップを大切にする 36
メンバー全員がリーダーと同じ気持ちかどうか
「人を育てる」とは意識と行動を変えさせること
チームの目指す目的意識（気づきを高めるチーム）
リーダーはどうメンバーに触れあうか

第2章 「動かす技術」を身につけるルール

ルール 03
お手本は「小学校のクラス運営」 42
「チームは全員で動かす」に発想を変えよう
チームで「チームを動かす」をワークする
「活動」「管理」で業績を上げていく

ルール 04
リーダーはまさに「チームの案内人」 48
プレイとマネジメントの両立は難しい
能力がないのではなく、経験していないだけ
共通問題１ 基本動作ができていない
共通問題２ 決め事を守らない、守らせない習慣
共通問題３ 数値を使って判断する習性がついていない
共通問題４ チームに目標はあるが、具体的な手順がないために起こる問題
「動かす技術」を身につける
いちばん先まで見るのがリーダー

ルール
05

チームを強くする、6つのポイント 54
チームの共通語をつくる(目的・目標の共有化)
できない人をつくらない(具体的計画の立案と周知徹底、役割分担)
最優先業務を考え、判断して実践する
出来映えを確認し問題を早期発見する(チーム全体と各メンバー)
問題点の早期治療を行う(軌道修正)
学習能力を活用して生産性を上げる(学習効果の発揮)

コラム1 21世紀型チームリーダーの心得
この2つが不可欠 60

第3章

業績をつくる黄金法則のルール【準備編】

ルール06 中小企業が成功する5ポイント 62

チームを同じ方向に向かせる

業績をつくる黄金法則を活用した問題解決

PDCAを発揮させる

経営とは、最終的には現場での実践の勝負

チーム内に共通の価値観をもつ

ルール07 「部門方針」で業績対策を立てる 70

チームの進む方向性を示す部門方針

方針共有には手間・暇を惜しまない

業績の良いチームの共通点

部門方針マネジメントのポイントはココ！

部門方針の事例

ルール 08
「商材戦略」でチームの目標を達成させる 76
商いの材料であり、差額商材をつくる戦略
マネジメントするための、2つの作業
必要な時間を先取りしないと成果は上がらない
商材戦略マネジメントのポイント
商材戦略の事例

ルール 09
「戦術」で業績実践策を立案する 82
全社員を巻き込み、人を動かしていく
決め事をつくれないから烏合の集団になる
戦術マネジメントのポイントはココ！
戦術の事例

ルール 10
「戦闘」は業績目標の実践策 86
メンバーが協力して決め事を実践していく
「しつこく」が成功のポイント
決め事を守らない会社に業績のご褒美は訪れない
それでは戦闘で何を実践すべきか
戦闘マネジメントのポイントはココ！
戦闘の事例

ルール 11 環境整備なくして黄金法則は機能しない 92
働きやすい職場をつくる
環境整備はマネジメントの主要項目
環境整備マネジメントのポイントはココ!
環境整備の事例
本章のまとめ 96

第4章 業績をつくる黄金法則のルール【事例編】①

ルール 12 プレイングマネジャーに発生しやすい病気 98
上司への依存が強いチームに起こりやすい病気(依存カテゴリー)
チームを運営する機能が弱いために発生する病気(チーム運営機能なしカテゴリー)
会社の仕組みがないために発生する病気(会社の仕組みカテゴリー)
成長スピードに人の成長が追い付いていかない病気(企業急成長ひずみカテゴリー)
属人的な仕事のやり方による病気(個人商店カテゴリー)
リーダー機能の未発達による病気(リーダー機能未発達カテゴリー)
コラム2 21世紀型チームリーダーの心得
3年経ったら、すべてを見直す 101

ルール 13
黄金法則を理解・構築・運用する 108
プレイングマネジャーには何が必要か
【参考】仕事術ゼミナールの基本骨格

ルール 14
黄金法則の実例を見る 112
事例1　ルート営業の業績管理パターン
事例2　人財育成にウエイトをかけたパターン
事例3　間接部門の定型業務対応パターン

ルール 15
仕組みでチームを全員で動かす 120
効果を上げるためにパターンを決める
チーム運営での羅針盤をもつ
時系列での行動スケジュールには2種類ある

ルール 16
成功したチームの事例 126
明確な目標を提示できない解離性障害のチーム現状
目標を共有化できるチームに成長した取組内容

ルール17
【事例】成長したマネジャーの共通点 132
成長を促す要因、マンネリに引き込む要因
社会変化を意識することは大きい

コラム3 21世紀型チームリーダーの心得
自分のキャリアとビジョンをプロデュースする 136

第5章 業績をつくる黄金法則のルール【事例編】②

ルール18
シェアド・マネジメント体制を実践する 138
会社は何もしなければ潰れるようにできている
チームの共通の目標を常に意識させる
経営者の意思決定からルール・システムづくりがはじまる
経営の技術で「当たり前のことを当たり前にする」
決定事項を「見える化」して決め事を守る風土をつくる

ルール19
【事例1】
3拠点バラバラ運営で年商30億を突破できない建築資材販売業A社 144
やり放し体質が強く、標準化やさまざまな融合化が必要
組織運営体制づくりと組織を動かす人のレベルアップ対策
テーマ① ＯＪＴ型の業績検討会議で情報共有化・ノウハウ標準化を図る
テーマ② 全営業マンで実践する業績先行ギャップ対策
テーマ③ チーム全員で動かす決定事項遵守ノウハウ
テーマ④ 中堅社員によるＰＤＣＡを回す仕組み

ルール20
【事例2】
「社長こけたら皆こける」。日本伝統商品の製造販売業B社 156
急成長企業がかかりやすい、創業10年のリスク
マネジメントシステムで組織運営を全員で行う
テーマ① 学卒入社3年目の女子社員が推進する部門計画書の作成と活用
テーマ② 全社7部門の決定事項を「見える化」させるマネジメント方法
テーマ③ 全員でつくりあげている年間月別経営運営カレンダーづくり

コラム4 21世紀型チームリーダーの心得
ＪＯＢリーダー育成の重要性 164

第6章 チームを全員で動かすリーダーのルール

ルール 21
基本動作を正しく理解する 166
会社のインフラが基本動作
「業務上」の基本動作
「業界固有」の基本動作
「会社・部門固有」の基本動作
事例：上座の営業スタイルを体現する靴修理の「ミスターミニッツ」
事例：挨拶ひとつを固有の基本動作にするたこ焼きの「京だこ」
共通の言語を会社につくろう！

コラム5 21世紀型チームリーダーの心得
外部環境が変化すると基本動作も変化する 173

ルール 22
「指示命令」は人を動かす重要基本動作 174
指示命令は仕事のスタートキー
命令と指示の違いを理解しておく
命令・指示しても、なぜ人は動いてくれないのか？

ルール 23
「連絡・報告」はパターン化で促進できる 180
人・チームを動かすために必要な信頼のパイプ
4つの報告を効率的に使いこなす

ルール 24
「誉め方」「叱り方」でメンバーの仕事能力をアップ 186
「誉める」はその人を認める行為
「叱る」と「怒る」は違う
「叱る」の基本を理解する
小さなことでも誉める

第7章 メンバーとさらに心を合わせるリーダーのルール

ルール 25
メンバーに「気づかせる」話し方を身につける 194
「調子はどう?」
「どう思う?」
「○○という点が、成長したなぁ」
「どうすればできるようになる?」

ルール 26
普段のコミュニケーションを軽視しない 196
リーダーの働きかけがカギを握るテーマ

ルール 27
問題解決の思考回路をメンバーに植え付ける 198
問題解決には問題を見せることから始まる
問題を意識することを高める

ルール 28
会議・ミーティングはコミュニケーションの要《かなめ》 202
コミュニケーションの目的
トップコメントでメンバーを納得させて動かす

ルール 29
できるリーダーは仕事の任せ方がうまい 206
上手に任せる、3つのツボ
ツボ1　集団の規範
ツボ2　仕事のやり方を教える
ツボ3　仕事の意味を語る
メンバーを動かすのはリーダーの力量
チームを動かす仕事を任せていく
サブリーダーと上手に連携する

序章

マネジメント方法も人の役割も変わった

危機感の強さと行動変化は比例する。答えがない時代に自らの頭で「考える」ことがチームリーダーにとって大切になっている。逆にいえば、もはや一人だけの力では対応できない時代になってきた。

「答えがない」ことを自覚する

■マネジメント次第でチャレンジする部下が育つ

国内市場は確実に縮小しています。また、高齢化、人口減少と低価格志向は止められません。日本のすべての会社が既存商品を既存のお客様に提供するだけでは、売上高、粗利益率は確実に減少していきます。売上高・粗利益率は低下するので、**自社の力に合った攻めの経営戦略が絶対条件**となってきます。

中小企業の戦略を構築するためには開発とマーケティング機能が必要です。大企業のように専任体制はつくれません。しかし、この機能がないと既存の商品を既存顧客へ提供するのみとなり、売上高・利益率は確実に減少していきます。そもそも、中小企業にマーケティングはなじみがないので、その機能役割について、理解が不足しがちです。これまでのように広告宣伝や市場調査のみに活用されるものではないのです。

単純明快にいえば、マーケティングとは「誰に」「何を」「どのように」売るのかを明確にすることです。ここで、商品開発機能とマーケティング機能の必要性は理解しても、現実的に誰がやるのかという問題が残ります。

経営者、役員は当然ですが、これだけではリソース不足。成熟社会に求められるマネジャーの仕事内容の変化により、チームをまとめる以外に新たなことが求められています。商品開発、技術開発そして販売エリア・チャネル開発等において戦略的な動きでチームに仕事、そして業績をもたらすためにチャレンジしていくことが必要になってきました。このベースとなる土台が、詳しくは後で述べますが、シェアド・マネジメントスタイルになるのです。

■何も手を打たないと会社はどうなるか？

ある会社は【現存のままなら、ビジネスとして成立しない】と結論づけました。この会社は売上昨年対比１１０％と伸びている企業。ある特殊な製品を販売しており、その売上全体の70％が東北エリアでの売上。東北エリアは２０１３年対２０２５年比でみると、人口が10％減少し、高齢化比率が高まります。しかも、この統計には労働人口問題の一つである首都圏への労働者移動はカウントされていません。当然、この会社はこれを見越したうえで、新たなビジネスの展開をスタートしています。

おそらく、大半の企業がこの会社のように「現在のままなら、ビジネスとして成立しない」と考えるでしょう。この問題意識を誰がもつかがポイント。この会社は「現在のままなら、ビジネスとして成立しない」と結論付けたのが中堅社員とリーダーでした。

文字通り、21世紀に生きる社員が結論付けたことに意味があります。

■危機感と行動変化は比例する関係にある

「21世紀に生きる」とは、現在30歳の社員さんなら70歳まで働くとして、今後40年間は働くことを意味します。この40年間の変化を考えながら働く社員と目の前のことしか考えない社員とでは、当然のように差が広がり、仕事そのものをＡＩ等に奪われることになります。

経営者・役員が考えるのは当たり前。**中堅社員が考えることで、この会社の当たり前のレベルが変わり、そしてレベルが上がるのです**。

「現在のままなら、ビジネスとして成立しない」から生まれるのは危機感。危機感は人間を成長させてくれるエンジンになります。この意識をもつことが21世紀に生きるパスポートを手にすることを意味します。

人間を変える一つの要素に危機感があり、この要素が乏しいと変化への対応が鈍くなります。危機感とは現在・将来に対する不安でもあります。それは自分の将来への不安、子供への不安、家族の将来への不安でもかまいません。結果、それが仕事を見つめ直す機会になるのです。

大きな方向性は課題解決型の企業＝人をつくること。しかし、**その具体策には答えはありません。だから新しいことへのチャレンジしかないのです**。そのチャレンジを促している一つが危機感でもあるのです。

「考える社員」を増やす

マネジメント・人の役割の変化

■変化構造を考える社員が会社の中に何人いるか

社会が変われば経済が変わる。経済が変われば、顧客動向が変わる……。そうすると業種動向に変化がでてきます。業種動向に変化が出れば、必然的に会社は変わらざるを得ない。会社が変わるときは、経営者に変化が求められているのです。

ここまでの流れはわかりやすいのですが、会社が変わると、そこで働いている幹部、社員も変化しなければならないのです。これができないと環境に追いつけない社員が増加します。

現在は小手先の改善で乗り越えられるレベルではありません。戦略で構造を変える時代です。この変化構造が「考える社員」の増加を求めているのです。

■考える行動習慣を身につけよう

単に仕事をこなすだけでは一人前の生産性が上げられなくなり、従来とは異なる働き方が求められています。その働き方とは、「考えて創造していく仕事のしかた」のこと。それが戦略であったり、業務革新であったりします。

問題意識という言葉があります。物事を「なぜ、こうなるのか？」の視点で捉えることで、物事の本質を考える行為です。目的意識・役割意識・当事者としての自覚意識があるから、問題意識は強くなるのです。「チームが目指すものは何か」という目的意識があるから、「自分は何をすべきか」の役割意識が出て、問題に気づき、自分事として考えるのです。

この行為を意識することで「考える行動」を習慣化できるといわれています。

「よく考えなさい」と言われます。しかし、日常から考える行為を習慣化していないと現実には時間がかかり、ムダに終わることが多くなります。

■自分で判断するから成長できる

自分はいま、何をしなくてはならないか、そしてその優先順位はどうなのかを、自分の頭で考えましょう。仕事の基本は自分で考え、判断し、行動していくことです。もちろん、考えられないことも判断がつかないこともあると思います。しかし、自らが考えないで、上司に教えてもらうばかりだと、**あなた、およびチームの存在感はどこにあるのでしょうか？**

「考えないで上司に教えてもらう」ケースと「自分でしっかりと考えたが判断がつかないから、上司に教えてもらう」ケースとでは根本的に未来へのステップが違ってきます。

考えない状態が続くと、何が正しいのか？　何がまちがっているのか？　常識といわれることすらわからなくなります。

つまり、日常のちょっとした、まちがい行為も、まちがいと思わなくなります。すなわち、常識が欠如していくことになるのです。

■根拠となる判断基準を考える

参画とは自ら考え、判断し、行動し、責任を取ることです。そこには苦悩があり、楽しさがあり、喜びがあり、そして自分が必要とされている満足感があります。
中小企業には経営者・役員・幹部・中堅社員・一般社員と基本的な階層があります。それぞれに役割は違えど、全社員が同じ目標に向け努力することには変わりありません。いま、自分がやるべきことを考えましょう。

やるべきことはたくさんありますが、そのなかで何が重要なのかを判断します。判断をするためには決断が不可欠です。決断をするためには、その根拠＝価値判断基準が必要になってきます。これを考えることが重要で、根拠＝価値判断基準を上司とすり合わせるから、本当のＯＪＴになり、成長につながります。

チームを動かす仕事は全員でやる

■全社員に求められる、2種類の仕事

ＡＩを代表とする急激な進化は人間生活に新たな可能性・恩恵をもたらします。しかし、重要なのはこれまでの常識に固執することなく、それに伴う新たなモノの見方・考え方の定義づけを行うことです。時代がシフトするから、当然ともいえます。

成熟社会で仕事が複雑化するなかでは、組織で動く全社員に2種類の仕事が求められています。それは、「現場の業務」と「チームを動かす仕事」。そしてこれを実現するスタイルがシェアド・マネジメントです。

では、シェアド・マネジメントとは何か。チームを動かすために多様なリーダーシップが求められるなかで、1人のリーダーでは対応しきれないケースが増えています。

現在は、仕事はあるものの人的資源（能力・数）が足りないから、対応できない企業が多いのです。この環境では、**一部の人間が兼任で組織を動かすのではなく**、必要な役割機能ごとにJOBリーダーを設け、全社員でチームを動かし、組織内の当たり前のレベルを変えて、**全社員のレベルを上げることが重要です**。そのために必要な役割機能ごとに権限を与え、それぞれの担当機能分野でリーダーとしての役割を担う機会を提供します。

■全社員で社会の変化に、仕事の質を合わせる

私たちを取り囲む経済環境が高度化、複雑化、専門化しすぎて、いままでの経験が役に立たない時代になっています。

つまり、仕事の質を上げないと生きていけないのです。この仕事の質を上げることはチームリーダーだけではなく、全メンバーにいえます。

そのためには仕事の内容を変化させます。チームリーダーにはチームをまとめる以外に、商品開発、技術開発そして販売エリア・チャネル開発等の戦略的な動きでチームに仕事、そして業績をもたらすためにチャレンジしていくことが求められています。

■まずはサブリーダーをレベルアップする

サブリーダーは、チームリーダーの代行としてチームを運営することが必要になっています。なぜなら、リーダーが戦略的な動きをしても、チームにはチームを動かす機能が不可欠だからです。これができる人を育てないと、リーダーは戦略的な動きができません。

各メンバーには実務処理能力のレベルアップが求められます。そして、全社員が自分の役割に対して、責任をもって、上司・部下関係なくリーダーシップを発揮し、目標・目的を実践していくことが必要になってきます。

全社員のレベルアップが求められています。チームも全社員で動かすことが求められているのです。

第1章

時代に合った シェアド・マネジメント のルール

現代のチーム運営において、カリスマリーダーシップの求心力でチームを動かす方法は時代に合っていない。組織の目標実現に向けて、メンバーの主体的協力で動くチームが求められている。

ルール
01
メンバーとやるべきことを共有するリーダーが結果を出す

JOBリーダー

■変化する環境に適合する

成熟社会で仕事が複雑化するなかでは、組織で動く全社員に現場の業務とチームを動かす仕事の2種類の仕事が求められています。この変化に対応していくスタイルがシェアド・マネジメントです。

チームを動かすために多様なリーダーシップが求められるなかで、一人のリーダーだけでは対応しきれないケースが増えています。**一部の人間が兼任で組織を動かすのではなく、必要な役割機能ごとにサブリーダーや中堅社員の方々にJOBリーダーの役割を担当してもらいます。**組織内のレベルを変えて、全社員で組織を動かすことが求められているのです。

そのために必要な役割機能を推進させる権限をサブリーダーや中堅社員に与え、それぞれの担当機能分野でリーダーとしての役割を担う環境整備が必要です。「共有化」という21世紀の組織運営を代表するキーワードがありますが、「シェアド・マネジメント」は共有型リーダーシップです。

組織は小さければ小さいほど、そのなかで働く人は責任感・想像力が発揮されます。一人ひとりが自分の存在価値を組織の中で見出せれば、働くやりがい度や喜び体感度は満たされやすくなります。メンバー全員でチームを動かすスタイルがシェアド・マネジメントなのです。

■全社員参画がポイント

古くから「リーダーは生まれるものであって、創られるものでない」といわれてきました。これは政治家・武士の話であり、天命としてのリーダーです。確かに生まれつきリーダー的性格をもっている人はいます。学生時代のクラブ活動のキャプテンや生徒会会長はその一例です。

しかし、**多くの会社のリーダーは大多数が後天的な役割認識**です。もって生まれた性格と後天的な役割認識としての資質は違います。後天的な役割認識とは自分がチームのリーダーとしての自覚があるかどうかです。そしてこの自覚を時代変化に合わせて対応させることで成果をだせるようになります。


繰り返すようですが、いまのチーム運営の環境はリーダー一人ではなく、全社員参画でチームを動かすことがポイントです。プレイングマネジャーは現場の仕事がいちばんできる人が担当しているケースが多いのです。しかもチームを動かすマネジメント業務もほとんど一人で実施しているケースが圧倒的です。

このようなチームはリーダーとメンバーの差がありすぎて、リーダーへの依存度が高く、リーダーこけたら皆こける状態に陥りやすいのです。

リーダー一人があくせくやってもしようがありません。全メンバーが自分の役割に対してあくせく努力するから、結果として目標が達成できやすいのです。「参画」とは自ら考え、判断し、行動し、責任を取ることです。ただ単に会社にいるだけの人在・を育ててはいけません。自ら考え、判断し、行動し、責任を取る人財・を創るためにも全社員参画型のチーム運営スタイルを構築していきます。

■リーダー役はリーダーだけのものではない

リーダー役はリーダーだけのものではありません。いわゆる「部下」の立場から発揮されるリーダーシップもあります。そもそもリーダーシップとは、リードするスキルであり、周囲を巻き込み、引っ張っていくものです。

メンバーが、自分の担当する業務に関してチームに働きかけ、チーム目標に貢献していきます。

この貢献の仕方に、次の3つがあります。

チームリーダーとしてのチームを動かすことへの貢献の仕方

サブリーダーとしてのチームを動かすことへの貢献の仕方

チームメンバーとしてのチームを動かすことへの貢献の仕方

基盤が脆弱なチームの特徴は、ある特定の人にしかできない業務が多すぎること。日常業務、管理業務でもしかり。これは何を意味するのでしょうか？　それはリーダーシップ、マネジメントが一方向からしか発揮できていないことを意味します。

たとえば、会議でよく起こっている事象で以下のことがあります。司会進行は部長。部長の携帯電話にお客様から電話がかかる。そうすると会議が中断し、部長が戻るまで会議は始まらない……。

一方向からしか発揮できていない典型的な例です。

■リーダーシップは訓練すれば身につくスキル

リーダーシップとは、リードするスキルであり、周囲を引っ張り、巻き込んでいくことを目的とします。

このケースなら、部門のナンバー2であるサブリーダーが司会進行をすればよいだけなのですが、**やらないのではなく、できない**のです。

社長がいないから…
部長に聞かないとわかりません…
リーダーから教えてもらっていません…
標準化ができていませんから、私たちはできません…

などと、このようなケースは、いろいろな現場場面で見受けられます。

本来、チームを目標へ導くことはリーダーの役目なのですが、チーム内で価値判断基準や目標が共有化されていれば、サブリーダーでもメンバーでも自分が担当する業務についてリーダー役を発揮してチームを目標達成に導いていくことが可能となります。

ルール
02
メンバーシップを大切にする

■メンバー全員がリーダーと同じ気持ちかどうか

メンバーシップとは、メンバー全員がリーダーと同じ気持ちの組織を目指す考え方。組織が出す結果に対して「リーダー」が及ぼす影響力は1～2割といわれ、「チームメンバー」が及ぼす影響力は8～9割との調査があります。

つまり、組織改革を始めるのはリーダーですが、完遂させるのはチームメンバーなのです。組織・リーダーに対するメンバーの主体的協力が成果を出すポイントになっている時代です。

メンバーシップが、リーダーやチームメンバーに対して働き始めると、以下の効果が出ます。

指示待ち的な姿勢が、自律的に考えて行動する姿勢に変わる
人間的な好き嫌いに依存することなく、上司と仕事をするようになる
上司の立場で考えることにより、マネジャーとしての予備的訓練になる
一匹狼的な動きが、他メンバーと協働する動きに変わる

メンバーが自律的に動くことで、スピード変化に対応し、「自ら考える組織」へと変わるといわれます。

数多くの企業を見ていると「業績」は組織メンバーの意識と行動によって決定づけられることがよくわかります。

■「人を育てる」とは意識と行動を変えさせること

メンバーが、どれだけ自社・チームの業績についての関心を示し、目標達成の意欲を抱いているか。また**一人ひとりが、チームのことをヒトゴトでなく自分事としてと**

らえ、よりよい成果を求めて対応の行動を迅速に起こしているか。すべては意識レベルと行動力によって決まります。

意識を変えさせる職場・上司の接し方として以下の方法を参考にしてください。

メンバーが行う仕事の意味や意義を伝える
自社の仕事と社会との関連性を様々な視点から捉えさせる
目標の到達ステップを明確にして、途中の小目標を設定する
意思決定に参加させる

結局、この意識とは働かされている意識を取り除くことに尽きます。

■チームの目指す目的意識（気づきを高めるチーム）

チームの目指すものは何かという目的意識があるから、その中で自分は何をすべきかの意識がでてきます。その役割認識があるからこそ、何が問題なのかに気づきやすくなります。会社内の問題は、同じ現象を見ても、問題として感じるか感じないかは

人によって違います。
問題を誰かの目のみに映るのではなくチーム共通の問題とすることが重要なのです。
問題意識を高めるには、次の4点がポイントとなります。

1　そのことについての知識・経験があること
2　目的や目標が何であるかを知っていること（目的意識）
3　それが自分の問題であると感じること（役割意識）
4　それを自分が何とかしなくてはと感じる（当事者としての自覚）

問題意識があるから問題が見えるのではありません。問題が見える立場と意識があるから問題意識が強くなるのです。チームの目指すものは何かという目的意識があるから、自分は何をすべきかの役割意識が出て、問題に気づきやすくなります。

これをチーム内で確認・すり合わせることが必要です。自分の計画遂行だけでなくチーム全体との連携・調整に目配りさせたり、お互いの問題意識をメンバー間ですり合わせ、チームの方向性をすり合わせて、チームとしての判断基準を、チーム内でたえず確かめることが重要です。

このようにリーダーとメンバーがお互いに補完していく視点・姿勢・行動が求められます。これができるとチームにはメンバーシップが生まれてきます。

■リーダーはどうメンバーに触れあうか

メンバーシップの能力度合いは、リーダーのメンバーへの触れあいの仕方で決まります。メンバーが動きやすい環境をつくり、メンバーの力を借りて成果を出すことが組織運営の要諦です。そのためのポイントを7点、記します。

1　仕事における一人ひとりの役割・関わりを、メンバーと話し合う
2　自分（リーダー）が何を評価し、期待しているかを伝える
3　メンバーが自分で考え・判断して取り組む仕事の機会を増やし、フォローする
4　気になる報告・連絡があれば、必ず何が起きているかを一緒に確かめる
5　一人で仕事を抱えこまずにチームの問題として解決していくことを理解させる
6　本人のレベルアップを認め、これからの課題を共有化する
7　チームにとって必要な人財であることを伝える

第2章

「動かす技術」を身につけるルール

チームリーダーであるプレイングマネジャーの最重要ルール。この技術の習得なしにチームを強くすることは不可能。本章ではカギとなる6つのポイントを説明する。ご活用いただきたい。

ルール
03
お手本は「小学校のクラス運営」

■「チームは全員で動かす」に発想を変えよう

中小企業のリーダーはマネジメントの初心者からチャレンジしていきます。経営者に「〇〇君、君も主任だ。明日からリーダーシップ・マネジメントを発揮しなさい」と一方的宣言をされます。

しかし、**マネジメント方法を知らないからプレイヤーの延長線上の考え方で、もがきながら実践しています**。しかも、チームを動かすことに関してチームメンバーはリーダーに依存して、無関心状態。プレイングマネジメント体制のお手本は「小学校のクラス運営」です。学級委員長がいて、副委員長が中心となり、黒板消し係、給食当番、保健委員、飼育係、放送委員等がいてクラス全員が役割を担って、全員でクラスを動かしていく姿がプレイングマネジメントスタイルの理想の姿です。

多くの会社が勘違いしているのは、役職者でないと「リーダーシップ・マネジメントをやってはイケナイ」と勝手に決め付けていることです。

チームにとってリーダーシップ・マネジメントの目的が達成されるなら、誰がやってもよいのではないでしょうか。しかも、チームリーダーは「プレイングマネジャーの兼任主義でマネジャー業務100%の人」は誰もいません。

ならば、最初から発想を変え、プレイングマネジャーだけがチームを動かすのではなく、全員でチームを動かすプレイングマネジメント体制の考え方が自然だと思います。

つまり、チーム内のチームリーダー・中堅社員・一般社員の経験・レベルに応じた、リーダーシップ・マネジメントの役割を、それぞれにもたせる方法が、チームとしては目標が達成しやすくなります。なぜなら、全員がチームを動かすために必要なリーダーシップ・マネジメントの内容がわかれば、日常からそれを意識して仕事を行うため、チームとしてレベルがアップするからです。

■チームで「チームを動かす」をワークする

チームワークとは、チームを構成する人たちがそれぞれ自分の行動を起こしながらも、チームとして統制のとれたワークをすることをいいます。皆が同じ方向に向かって協力し合いながら動いている状態です。

個人プレイは、あくまで自分一人で物事を進めることですから、みんなと協力して共同で作業を行うことはありません。

チームワークが大切なのは、そこにいる人たちの人間関係を単に良くするためではなく、**個人の能力や力では達成が困難なことでも、チームならやり遂げられる**ことにあります。仕事をするうえで必要な人数が集まったから、チームワームを発揮できるわけではありません。そもそもチームとは、メンバー全員がチームの一員である当事者意識をもつことから始まり、共通の目的・目標をもって、それを達成させるプロセスを共有する集合体です。

チームワークを強化していくには、共同で何かをする前にチームづくり（ルール・基準作り、スキルアップ、目標設定等）を行う必要性があります。

そのポイントは4点あります。

目的・目標の共有（目的、目標、方法を理解している）

参加意欲を高める（自分のやるべきことを理解している）

スキルアップ（自分のやるべき仕事の力量アップ）

協調性（チームのルールを知り・守る）

チームがチームとして機能するためには満たすべき条件があります。東京大学に入るより難しい、選ばれし天才集団であるプロ野球の選手でさえ、練習で反復したプレイしか試合ではやらないといっています。

中小企業の現場では、チームワークの初動状態＝チームづくりができていないのに、ムリにメンバーをスタートラインに立たせようとするリーダーが多いのです。繰り返すようですが、チームワークとはチームでのワークを準備して、全員でチームを動かすことです。

■「活動」「管理」で業績を上げていく

チームの業績は上がらないようにできています。

この事実を理解すると、リーダーシップ・マネジメントで業績を上げることの意味が見え始めてきます。

一般的な中小企業は、毎月のルーチンワーク以外に何もしないと利益が出ない構造になっており、業績の差額対策を考えないと目標達成はできません。

業績づくりには「活動」と「管理」の両輪が必要です。活動とは営業活動、生産活動であり、売上・利益を確保するための活動です。それに対し、管理とは本来あるべき姿から逸脱していないかを確認していく作業です。

不思議と、活動に関するものは放りっぱなしにすると売上・粗利益率・利益・生産性・資金等は自然と減ります。

反面、管理に関するものは放りっぱなしにすると経費・売掛金・在庫等は自然と増えます。集団をコントロールしないと活動は自己判断で好きなように行い、管理は面倒くさいから放りっぱなしとなることが多いのです。

つまり、**人・チームにコントロールされた「活動」と「管理」の機能を入れないと業績は上がらないようにできています**。この人・チームをコントロールしていく「活動」と「管理」の方法が「リーダーシップ」と「マネジメント」となります。業績が上がっていないチームリーダーは人・チームを動かすためにリーダーシップ・マネジメントが機能しているかを確認してください。

ルール
04
リーダーはまさに「チームの案内人」

■プレイとマネジメントの両立は難しい

マネジメントを専任でやる人をマネジャーといい、大企業にみられるケースです。それに対し、プレイングマネジャーとは、自分で現場の仕事の担当をもちながら、マネジメントもこなす役割で、中小企業にみられるケースです。

サッカーで例えると、グラウンドでボールを蹴りながら選手交代等の作戦展開を考える人というイメージです。実際にはサッカーの世界にプレイングマネジャーはいません。もし、あなたがサッカーチームのプレイングマネジャーとしてピッチに立って、息をゼイゼイさせながら走り、選手交代・作戦展開を考えられますか？　それだけ両立させることが難しい役割なのです。

■能力がないのではなく、経験していないだけ

あなたは組織を運営する際に必要なリーダーシップやマネジメントを義務教育の中で、学校の先生に教えてもらいましたか？　答えはＮｏのはずです。なぜなら、日本の義務教育カリキュラムにはないからです。ないから、社会に出て、その立場になり、ぶっつけ本番で初めてリーダーを経験するわけです。

大手企業は役職の昇格に伴い、さまざまな研修を受けて、準備に備えます。しかし、中小企業にそんな余裕はありません。だから人・組織を動かす際に、次のような中小企業特有の共通問題が発生します。

共通問題1　基本動作ができていない

息を吸ったら吐くというような基本動作ができないと、組織では仕事になりません。とくにできていないのが、報告・連絡・相談と指示命令です。人を動かす基本動作が

できていないので、動き方が混乱をきたします。

共通問題2　決め事を守らない、守らせない習慣

やるべきことをキチンとやる習慣がないと何を考えても無駄となります。とくに、決まったことを決まった通りに実行することは業績を決定付ける要因のひとつです。この理解ができないチーム、メンバーには、業績のご褒美はやってきません。

共通問題3　数値を使って判断する習性がついていない

日本語でいちばん正しい言葉は数値、数字・数量、期限です。数値を使わず、仕事をすると「あれはどう」「これはどう」のやりとりになり、具体的な行動ができずに成果は出てきません。

共通問題4　チームに目標はあるが、具体的な手順がないために起こる問題

手順とは、灯りをともす役割です。チームに方向性・手順があれば、進みやすいもの。手順を示さないと、寄せ集め集団のチームでは組織で動く基礎固めができていな

いから、バラバラ集団になりやすいものです。組織は、一つの共通目的・目標に向かって人の能力を結集されるところに運営のポイントがあり、チームを組織的に運営するためには、環境整備が必要です。

チームのマネジメントの方法を決めたり
チームの効率化を図るために仕事の標準化を行い、教育したり
メンバーが決まったことを決まった通りに実践したり
基本動作を守る等の人を動かしやすくするために会社のインフラを整備する

組織は人が動かします。人が組織を動かしやすくするためには、**やるべきことをパターン化する**ことです。やるべきことのパターンを決めないから、習慣化できずに定着しません。つまり、**習慣化させるためには環境整備が必要となる**のです。

■「動かす技術」を身につける

チームリーダーは、周りを動かす技術を身につけることが不可欠です。動かすとは

人を動かし、チームを動かすことです。プレイングマネジャーであるチームリーダーの最大の仕事は「動かす技術」に集約できます。

大企業は「組織」が人を動かしますが、中小企業は「人」が組織を動かしていきます。動かすとは人を動かし、チームを動かすことであり、そのためにチームに必要な仕組みをつくり、習慣化させて、動かしていきます。**組織運営の最大のポイントはパターン化する**ことです。組織運営とは、「チームの目的・目標達成に向け、リーダーがメンバーの力を活用して業績を上げる」ことです。

組織には、人が動きやすくするために共通の価値観が必要になり、それが乏しい集団は烏合の衆に陥りやすいものです。だから、リーダーは組織に必要な共通の価値観を常に訴え続け、組織・メンバーに共通の価値観を意識させることが必要となります。

パターン化することでメンバーが行動しやすくなります。行動し、継続すれば習慣化になり、一つひとつのやるべきことの習熟度が増し、精度が上がります。

「やりなさい」「動きなさい」とよく耳にします。しかし、**うまくいかない理由に「や**

り方がわからない」「やり方のバラバラさ」があります。これを払拭しないとプレイングマネジャーだけで組織を動かすようになり、成果はでにくい。つまり、全員でチームを動かすプレイングマネジメント体制のスタートラインに立てません。チームに必要な仕組みをつくり、習慣化させて、動かしていきます。

■いちばん先まで見るのがリーダー

人・チームを動かす前提として、チームリーダーである自分自身を動かすことが重要です。自らの動きがデタラメなら、当然人は動いてくれません。まずは会社全体の方向性や目標を意識することです。会社の3年後の姿、今年の方針・目標をよく理解することです。組織で上の立場になるとは、高層ビルに上るのと同じで上に行けば行くほど、遠い先が見えないといけません。

つまり、チームの中では、いちばん先の時間まで見えないといけないのです。

なぜならチームリーダーはチームの案内人であり、チームを迷わせない羅針盤になるからです。

ルール
05
チームを強くする、6つのポイント

最初から強いチームはありません。人の動きをコントロールして、組織を強くしていく、6つのポイントを説明します。

■チームの共通語をつくる（目的・目標の共有化）

チーム内での「共通語づくり」です。目的・目標の共有化とは、チームの方針・目標を全員が理解し、意識することです。「今月の目標はこれだ」と壁に貼られている会社がよくあります。貼っているからメンバー全員が見ているわけでもありません。時には見るのではなく、眺めているケースもあります。

共有化していくためには、**「言い続け、理解しているか」を確認しなければなりま**

せん。

業績の良いチームは、そのチームでしか使わない固有の共通語が多くあります。今月の目標はいくらと問われたら、「いくらです」と答えられる。これはそのチームの共通語です。共通語をいかに多くつくるか、これが最初の鍵になります。ぜひ、これにチャレンジをしていただきたいのです。

■できない人をつくらない（具体的計画の立案と周知徹底、役割分担）

訓練せずにぶっつけ本番で勝負してはいけません。目標が決まると、それをどういう方法で実践していくかを具体的に考え、計画をつくることが大切です。チーム単位で考えるとチームリーダー・サブリーダーが具体的な計画をつくります。そしてその内容・方法をメンバーに周知徹底させていきます。

そこで、目標に向けての具体的な手順・段取り・方法をメンバーに理解させ、できるように訓練していきます。

この段階で、「やり方がよくわからない」「やったことがない」と問題がでますので、やり方をキチンと教えていくことも含めた周知徹底になります。これが非常に重要なのです。

この事前訓練をやらずに、すぐにぶっつけ本番に臨むとケガをする確率が高くなります。１００ｍを全力で走る時に体を慣らさずにスタートダッシュを切ったら、アキレス腱が切れる確率は高いでしょう。それと同じ理屈です。

中小企業の業務の問題点は標準化です。**平たく言うと「できる人とできない人をつくらないこと」**です。それを踏まえ、誰が、何を、いつまでに、どういう方法でやるのかを５Ｗ２Ｈ形式で役割分担を図るわけです。

■最優先業務を考え、判断して実践する

具体的な計画を作成する段階で決め事をつくります。リーダー、メンバーが役割分担に基づき、決め事を決まったようにやることが実践です。ここで重要となるのが、「行動管理」です。

行動管理とは、まず自分が取り組むべき最優先業務を考え、判断していくことです。

目標を達成していくには、必ず押さえるべき最優先業務があるはずです。これを押さえてスケジュール化するから、初めて目標管理と行動管理が一致するわけです。リーダーはそれをやらせる人でもあります。

リーダーの仕事は、**決め事をキチンとやらせていく**ことが最大の仕事となります。

■出来映えを確認し問題を早期発見する（チーム全体と各メンバー）

出来映えの確認とは問題の早期発見であり、チェックをすることです。つまり、決め事が「キチンと消化されているか」「消化されていないものは何か」「誰がやっていないのか」を確認することです。

出来映えの確認がないと、いくら具体的な計画をつくって役割分担しても、「1カ月間ノーチェックで経過」するから、「月末に締めて出てきた結果が業績である」という発想になります。

「業績が出た」と「業績を叩き出した」では根本的に違います。途中のプロセスをキチンと確認していくことは業績をつくり上げていくのと同時に成功事例、失敗事例の要因も押さえることにもなり、これがチーム固有のノウハウにつながります。

■問題点の早期治療を行う（軌道修正）

月初に決めた内容は月中・月末の間で状況変化が起こります。それに対し、素早く問題点を見つけ、軌道修正をします。スピードのないチームは業績の締め日に初めて問題があったことに気づきます。**現場を毎日見つめて、何かに気がついたら軌道修正します**。

中小企業は、報告・連絡・相談という重要基本動作が非常に苦手です。

リーダーから連絡しないとメンバーからは報告があがらないという風土は、あなたのチームでもありませんか？　そういう風土なら、軌道修正が必要な時でも、リーダーから状況確認を催促されないと軌道修正がかけられません。

このようなチームは、未処理のままになっている決め事の山を築き、「業績はさっぱり」の状態になります。

■学習能力を活用して生産性を上げる（学習効果の発揮）

「学習」とは、いま、やっていることを反省し、次に行う業務の行動能力を高めることです。**私たちの足元には成功事例、失敗事例というたくさんのノウハウがあります。これをストック化し、意識の共有化を図ります。**

プロ野球やプロサッカーの世界、どういうプロの世界でも必ず記録を取っています。その記録を分析しながらうまくいったケース、失敗したケースを反省しながらそれを次回にいかすことを実践しています。

会社の業務のうち、7割はルーチンワークとよばれる規則性の仕事です。去年、行ったことは今年も同じ時期に実践します。去年は成功した。ではどのようにやったから成功したのか、その記録を基にしながら、今年はどういう手を打つのかを考えます。

この学習能力、学習効果を発揮できるチームは非常に強いチームになります。問題意識をもって業務に取り組むので、「次回はこの部分を直してみよう」と常にいま、やっている仕事から「ネクストを生む」という発想が訓練されます。つまり、「生産性を上げる思考回路のチーム」に成長します。

コラム 1

21世紀型チームリーダーの心得

この2つが不可欠

第２章でも述べたがプレイングマネジャーであるチームリーダーの最大の仕事は「動かす技術」に集約できる。

組織運営の最大のポイントはパターン化すること。パターン化することで誰もができるやりやすさが生まれる。行動し、継続すれば習慣化になり、一つひとつのやるべきことの習熟度が増し、精度が上がる。

もうひとつ大事なのは、チームリーダーのあなたが考えている価値判断基準を伝え、理解させること。仕組みをつくれば、チームリーダーのパワーで最初は動かすことができる。しかし、やらされ感が強くなり、長続きはしない。大切なことは、「なぜこれをやるのか？」「なぜこの見方が必要なのか？」「どうしてこうなるのか？」「この時はどうしたらよいのか？」等、モノの見方・考え方を教えていかないと習慣化はできない。

スタートは大事ではある。それ以上に大切なのは継続して定着させることである。

第3章

業績をつくる黄金法則のルール

【準備編】

チームが同じ方向に向かいチーム内で共通の価値観をもつ。そのために「①部門方針→②商材戦略→③戦術→④戦闘→⑤環境整備」の流れに基づき、自社の実情に合わせた仕組みをつくる。

ルール

06 中小企業が成功する5ポイント

■チームを同じ方向に向かせる

組織運営とは、「チームの目的・目標達成に向け、リーダーがメンバーの力を活用して業績を上げる」こと。チームリーダーがメンバーに方向性を示し、具体策を全員で検討し、全員で実践していきます。

組織運営の最大ポイントは、チームを同じ方向に向かせることです。価値観が似ている人が集まるのが組織ですが、中小企業はそうではありません。だから、メンバーを同じ方向に向かせる工夫をしないとチームは機能しません。

中小企業には、業績をつくる黄金法則があります。

私が１０００社以上の中小企業の現場に関わるなかで会得した、プレイングマネジメント体制があります。人・チームを動かすＰＤＣＡサイクルの仕組みを活用した、業績をつくる黄金法則をご紹介していきます。

その流れは、

①部門方針　↓　②商材戦略　↓　③戦術　↓　④戦闘　↓　⑤環境整備

となります。

第2章でご紹介しましたが、チームワークを強化していくには、共同で何かをする前にチームづくり（ルール・基準作り、スキルアップ、目標設定等）を行う、次の4つのポイントがあると説明しています。チームを機能させる4つの条件で業績をつくる黄金法則を考えると以下のようになります。

1「チームの目的・目標を共有させる機能」は部門方針・商材戦略・戦術。
2「参加意欲を高めさせる機能」は戦闘。
3「スキルアップ」や
4「協調性を高める機能」は環境整備です。

■業績をつくる黄金法則を活用した問題解決

人・組織を動かす中小企業では共通する問題点が４つあると説明しましたが、その問題を解決する方法を、業績をつくる黄金法則から考えると以下のようになります。

１　基本動作ができていない問題を解決する方法は「戦闘や環境整備の強化」
２　決め事を守らない、守らせない習慣の問題を解決する方法は「戦術の強化」
３　数値を使って判断する習性が身についていない問題を解決する方法は「商材戦略の強化」
４　チームに目標はあるが、具体的な手順がないために起こる問題を解決する方法は「部門方針の強化」

■ＰＤＣＡを発揮させる

人の動きをコントロールして、チームを強くしていく基本のやり方にＰＤＣＡサイクルがあります。PDCAを発揮させるために、各機能を回すので「サイクル」と表現されます。
「サイクルを回す」とは、日常業務で社員の基本動作になっていることであり、「見える化」が定着していることであります。

ご存知のようにPDCAとは、次のことを意味します。

Plan（計画）……従来の実績や将来の予測などを基にして業務計画を作成
Do（実行）……計画に沿って業務を行う
Check（点検）……業務の実施が計画に沿っているかどうかを確認
Act（処置）……実施が計画に沿っていない場合はプランのやり直しを図る

しかし、このPDCAサイクルに基づく、マネジメントシステムを構築している中小企業は非常に少ないのです。経営者から「P・D・C・Aサイクルを回しなさい」とよく聞きます。
残念ながら、現場のマネジャーは「計画、実行、点検、処置」の意味はわかりますが、会社におけるマネジメントの仕組みやそれを動かす基本動作スキルを理解していないケースが多いのです。

■経営とは、最終的には現場での実践の勝負

中小企業はなかなか業績が上がらないようにできています。だから多くの経営者・幹部は悩み、苦しむのです。**素晴らしい戦略があっても、それだけでは、業績は上がりません。**

経営とは最終的には、現場での実践の勝負なのです。

素晴らしい武器があっても、その使い方を知らない、戦う陣営を組めない、兵隊が動かない……では戦いにはなりません。それは**中小企業が抱える体質特性やプレイングマネジャー体制が戦略展開・業績づくりを邪魔する**からです。

■チーム内に共通の価値観をもつ

チームには、メンバーがチームを動かしやすくするために「共通の価値観」が必要です。価値観とは考え方の価値判断基準であり、行動する時の基準です。

「自分なりではなく、チームメンバーとしての考え方や行動の仕方を理解させる」ことが大切です。この2つをパターン化することでメンバーが自分で考え、判断して、行動できるようになります。

行動し、継続すれば習慣化になり、一つひとつのやるべきことの習熟度が増し、メンバー全員がチームを動かすことに参画できるようになります。

ただ単に「がんばろう」だけの精神論では、業績を上げるマネジメントはできません。現場の動き方を具体的にするから、具体的に実践できることを念頭においてください。

この業績をつくる黄金法則は、最低限この5つのポイント（63ページ参照）を実践すれば、チームは動いていく実務でありますます。もちろん、仕組みの中身の問題が当然伴ってきますが、基本的にチームで業績をつくるマネジメントの仕組みとしては十分です。

黄金法則

実績をつくる黄金法則

①部門方針と商材戦略は向こう３カ月先までを考えます
②部門方針は重点に取り組む内容を考えます
③商材戦略は数値目標に関する具体的な展開方法を考えます
④文字通りに進むべき方向性、目指すべき目標を考え示す役割となり、チームの羅針盤をつくることになります

①決められた部門方針と商材戦略を全社員で明日から実践していく方法を検討し、決めていきます
②当月の１～31 日までにやるべきことを「誰が、何を、いつまでに、どのような方法で」の形式で具体的に決めます
③そして、決め事が守られているか、数字の月末までの見込みはどのぐらいになるかを考えて戦術を組みなおします

①戦術で１カ月間のやるべきことが具体的に決定事項として決まります
②それに従い、全員が役割分担に基づき、決め事を決まったようにやることが実践
③ここで重要となるのが、行動管理です。戦術機能で自分が取り組むべき最優先業務を考え、判断し、スケジュール化します

①黄金の法則を動かすためには、基本動作である会議・ミーティング・指示命令・行動計画・決定事項遵守・報告連絡がうまくできないと難しくなります
②黄金の法則の要素をつくっても、そのやり方を知らなければ、実際にはできません
③次に活かす学習能力、学習効果を発揮させる環境整備を図ることが大切

業績をつくる黄金法則

業績にはつくり方がある

ただ単に【頑張ろう】の精神論だけでは、業績はつくれない。
中小企業にとって業績をつくるために
最低必要な仕組みが「業績をつくる黄金法則」

現場での運営をベースにした仕組みづくり

ステップ 1 … 業績対策の役割	
①部門方針	【チームの進む方向性を示す役割】 向こう３カ月の戦う方向性を全社員が迷わないようにレールを敷く
②商材戦略	【数値目標達成方法を考える役割】 全社員で目標に対する差額・ギャップを埋める方法を考える

ステップ 2 … 業績実践策の立案	
③戦術	【手順を全員で検討決定する役割】 部門方針・商材戦略を明日から実践していく方法・役割を決める

ステップ 3 … 業績実践策の実践	
④戦闘	【全員で決め事を実践する役割】 全社員の役割分担による日常業務の実践や戦術で決めた具体策の実践

ステップ 4 … 環境づくりと次への対策	
⑤環境整備	【働きやすい職場をつくる役割】 基本動作やルールを守る体質づくり、学習能力の高いチームをつくる

ルール
07
「部門方針」で業績対策を立てる

部門方針の
作成ポイント

■チームの進む方向性を示す部門方針

業績対策の役割として部門方針と商材戦略があり、この2つの要素は向こう3カ月先のことまでを考えます。

部門方針は重点に取り組む内容を考え、商材戦略は数値目標に関する具体的な展開方法を考えます。部門方針は、文字通りに、進むべき方向性、目指すべき目標を考え示す役割となり、チームの羅針盤をつくることになります。

方針とはレールです。

電車と車で目的地に目的通りに行くためには、電車のほうが確率は高い。それは電車にはレールがあるからです。車はいくら自分が気を付けても相手からぶつけられますし、渋滞があれば目的通りには行けません。方針の種類にはいろいろありますが、代表的なものは会社全体の経営方針と部門単位の部門方針です。

経営方針とは「今年1年間どのような方向性をもって戦うか」を各部門・全社員が迷わないようにレールを敷くことです。これを形にしたのが経営計画書です。

■方針共有には手間・暇を惜しまない

この経営方針を受けて、**部門ごとに、3カ月単位で具体的にチームで実践することを示す**のが部門方針です。この方針がないと、目標はあってもチームは進むべき方向性を見失い、各人で判断して仕事をするしかなく、チームとしての統一体としての力が発揮できません。

この部門方針は目に見えないものです。だから方針とは、まるで生き物であるかのように丁寧に水をやり、陽の光を当てなければすぐ枯れます。

つまり、チームに向かうべき方向と目標を提示し、互いに目標を共有化していくことがチームリーダーには求められます。チームを強くするためには、チームの共通語をつくり、目的・目標の共有化を図ります。

■業績の良いチームの共通点

目的・目標の共有化とは、チームの方針・目標を全員が理解し、意識することです。「今月の目標はこれだ」と壁に貼られている会社がよくあります。貼っているからメンバー全員が見ているわけではありません。時には見るのではなく、眺めているケースもあります。共有化していくためには、「言い続け、理解しているか」を確認しなければなりません。

業績の良いチームは、**そのチームでしか使わない固有の共通語が多くあります**。54ページでも書きましたが、「今月の目標はいくらと問われたら、いくらです」と答えられる。これはそのチームの共通語です。共通語をいかに多くつくるか、これが最初の鍵になります。ぜひ、これにチャレンジをしていただきたいのです。

部門方針はリーダーとサブリーダーが中心になり、検討していきますが、このメンバーだけで作成すると、部門方針が現場で浮きます。部門方針の考えを実践していくのは、リーダーとサブリーダーだけではありません。全社員で実践していきます。リーダーとサブリーダーが考えた部門方針を「誰が、何を、いつまでに、どのような方法でやるのか」を**チームメンバー全員で考えて、役割分担を図る**ことです。

この過程をたどらないと部門方針は全社員に浸透しません。だから全社員を巻き込んで作成し、運用していくことがポイントになるのです。リーダーとサブリーダーは、部門の方針をつくり上げ、それを理解させ、浸透させていく役割があります。

部門方針がないチームの特徴には、進むべき道がわからないこと、現場での活動量の少なさがあります。チームの進むべき道順がわからないので各メンバーがバラバラで、自分の判断で業績目標にチャレンジしている状態です。

■部門方針マネジメントのポイントはココ！

この部門方針マネジメントのポイントは次の5つです。

1　会社の今年度の方針と目標を理解させる
2　四半期ごとに自部門の業績を決めるポイントを検討していく
3　自部門の四半期ごとの方針をメンバーに理解させ、浸透させる
4　リーダーとしてメンバーに対して目標の重要度・優先順位を明確にしていく
5　各メンバーに、自分の役割を考えさせる

部門内でやるべきことはたくさんでてきます。

ただ、その重要度、優先順位を明確にせずに、「できるところからやっていく」という発想では成果は上がりません。

チームの四半期ごとの目標・方針を実現するために、メンバーごとに何を重点とするかを考えさせ、決めさせます。

たとえば「向こう3カ月間はチームとしてこういうことを実践していきます。そのとき、田中さんは、こういうことを重点としてアクションしてほしい、鈴木さんはこういうことをやってほしい。そのための重点は何か」と考えさせて、やるべきことをきちんと決めているかどうか。ここが成功の鍵になります。

業績をつくる黄金法則の部門方針から下のレベルになっていく（63ページ参照）と、必ず参画させることが非常に重要になります。自分は何をすればいいのかを常に考えさせること。そのためには巻き込んで考えさせていくことがポイントになっていきます。

■部門方針の事例

部門方針の事例の左記のページをご参照ください。

- ●ルート営業の業績管理パターンの黄金法則事例（113ページ）
- ●人財育成にウエイトをかけた黄金法則事例（115ページ）
- ●間接部門の定型業務対応の黄金法則事例（117ページ）
- ●事例企業B社①　全社員参画による部門計画書の作成と活用（161ページ）

ルール

08 「商材戦略」でチームの目標を達成させる

■商いの材料であり、差額商材をつくる戦略

部門方針を打ち出すのと同時に商材戦略も立案しなければいけません。やるべき仕事はたくさんあるが、これから向こう3カ月間で重点として取り組む仕事は何か？これが部門方針となります。それに対して、商材戦略とは業績目標への対策を考えることです。

商材戦略の商材というのは商いの材料であり、業績目標への対策をつくる戦略です。

商材戦略では、以下のことを考えます。

業績目標計画を達成するために
その差額・ギャップ・不足分を明確にして
根拠ある商材をつくり
その実践具体策を練る

営業、製造、間接部門ともに目標があります。その目標に対して現状を見た場合に、差額やギャップや不足状態が必ずあります。その差額・ギャップ・不足対策を考えるのが差額商材をつくるという視点です。

商材戦略で重要なのは、根拠ある商材をつくることです。目標に対する差額・ギャップをどうやって埋めていくのか？　を考えます。

営業ならば売上がいくら足りないから、この商品でカバーしていこうか？
製造なら品質に問題があるから、どうやって品質のレベルを上げていこうか？
経理なら3カ月後の資金繰りでいくら足りないから、資金の手当てをどうするか？

これを考えて、実践していく機能が商材戦略の役割です。

■マネジメントするための、2つの作業

業績の目標は生き物で、日々の状況は変化しますからマネジメントが必要となります。月初の1日に業績の検討を行っても、もう5日には立案した業績対策の中身を変更しなければならないことはよくあります。

では、その変化にいつ気づくか？

1日に検討した業績対策の変化を月末にわかってもすでに時遅し。毎日状況は変化します。変化するとは、日々の中で2つの作業が必要になります。**一つは「現状を把握する作業」、もう一つは「対策の立案」**です。業績の目標を達成するためには、目標に対しての現在地点を押さえ、その差額・ギャップ・不足を埋めるために何をすべきかを検討し、実践していきます。

業績をつくるための基本動作をチーム全員が行わないと商材戦略の機能がなくなり、目標を達成できない負け癖のついたチームとなります。

■必要な時間を先取りしないと成果は上がらない

業績目標を達成させるためのポイントは必要な時間を先取りしていくことです。必ず業績には期限があります。月間単位ならば締め日、年間単位なら決算月があります。この期限に間に合うように準備して実践していくことが重要です。いくら準備しても締め日に間に合わないでは話になりません。今が12月として、クリスマス商戦の準備を12月からしても、クリスマス商戦には勝てません。

自チームにおける時間の先取りの見方は次の流れになります。

1　現地点での差額の把握
2　差額対策の検討・決定
3　差額対策の準備
4　差額対策の実行
5　差額商材の受注
6　売上高計上

先行管理のポイント

この①～⑥までの平均的期間をまずは押さえてください。仮に自分のチームには3カ月の時間が必要としましょう。そうすると、12月のクリスマス商戦に勝つためには10月から準備していかないと対応ができません。この基本的なことを理解していない会社・チームが多いのです。

この考え方を基にしての**業績づくりをチーム全体で実施することが時間を先取りする技術であり、その方法を「先行管理」といいます**。先行管理の仕組みは難しいものではありません。

商材戦略がないチームの特徴は、数字の具体策が弱いこと。チームの方向性はありますが、商いの材料がないわけですから、現実の数字をつくる具体策が弱い業績に貢献しないルーチンワークに追われる状態です。

■商材戦略マネジメントのポイント

商材戦略マネジメントのポイントは、5つあります。

1　現時点でのベースを把握し、常に目標との差額を必要期間先まで押さえる

2　差額・ギャップ・不足対策に対する商いの材料を具体的に準備する
3　差額・ギャップ・不足対策の展開方法をメンバーに理解させ、考えさせる
4　差額・ギャップ・不足対策の行動はルーチンワークより先に行動予定に組ませる
5　目標と現状と差額・ギャップ・不足を常にメンバーに意識させる

■商材戦略の事例

商材戦略の事例の左記のページをご参照ください

●ルート営業の業績管理パターンの黄金法則事例（113ページ）
●人財育成にウエイトをかけた黄金法則事例（115ページ）
●間接部門の定型業務対応の黄金法則事例（117ページ）
●事例企業A社②　業績先行ギャップ対策（149ページ）

ルール
09

「戦術」で業績実践策を立案する

決定事項作成の
ポイント

■全社員を巻き込み、人を動かしていく

「戦術」は人を動かす方策であり、決め事をキチンと実行させるものです。成果を上げるためにやるべきことを準備し、どのように人を動かすかを決めていくのが戦術の役割です。

そのポイントはやり方を決め、できるようにすることです。

決め事をキチンとやらせるのは、リーダーの役割です。その前提となるのが、**やるべきことの決定事項をつくる**こと。いくら会議・ミーティングで検討しても「誰が、何を、いつまでに、どのような方法で」やるのかが決まらなければ、明日から行動に

移せません。いくら目標を決めても、方針を示しても、差額対策を検討しても、明日から動く決定事項がなければ、前進はしないのです。戦術の仕組みには、決定事項を管理していくシステムが必要となります。

この部分に着目していない会社・チームは多いと思います。

決め事とは人を動かす第一歩です。チームで今月やらなければならない決め事を全員が共通認識としてもちます。決め事を守らせるためには**決めっ放しの防止をするキメ細かいチェックシステムの構築が必要**で、全メンバーがその進み具合がわかるようにするのがポイントです。

ここを疎かにすると、やらなくても何も言われないので、チームに「やらない風土」が蔓延します。

■決め事をつくれないから烏合の集団になる

「誰が、何を、どのような方法で、目標はいくらで、いつまでにやるか」を決めます。

この決め事を発生させる種類は、①業績に関係するもの、②経営方針に関係するもの、③基本動作に関するもの、④会社のルールに関するもの、に大別されます。

そして、その決め事を決める機会は①会議、②ミーティング、③上長からの指示命令があります。

そしてもう一つのポイントが**現在の仕事は難易度が向上している**ことです。そのため、やるべきことが決まってもその実践策をやったことがない、できない等の現象が増えています。いくら良い対策を考えても現場で実践できなければ、意味がありません。そのため、現場でのＯＪＴが重要となります。

戦術がないチームの特徴は、具体的行動に移れないこと。その原因として目標達成に向けての「やるべき姿」はあるが、明日から何をすればいいのかの具体的行動がなく、がんばっているが、がんばり方が違うことがあげられます。

■戦術マネジメントのポイントはココ！

５つあります。

１　業績対策の役割である部門方針・商材戦略の展開で今月にやるべきことを明確に

2　誰が・何を・いつまでに・どのような方法で、また、その達成基準を決める
3　やるべきことのやり方を知らない、できないメンバーに対し、方法を教える
4　誰もができるように仕事の標準化と教育を行う
5　チームメンバー全員で決定事項のチェックとコントロール機能を発揮させる

組織は人が動かします。人が組織を動かしやすくするためには、やるべきことをパターン化します。

やるべきことのパターンを決めないから、習慣化できないのです。

■戦術の事例

戦術の事例の左記のページをご参照ください

●「決め事を守らせるシステム」（143ページ）
●事例企業A社③　ＰＤＣＡを回す決定事項遵守ノウハウ（153ページ）
●事例企業B社②　決め事を守らせるシステムの導入・運用（161ページ）

ルール

10

「戦闘」は業績目標の実践策

■メンバーが協力して決め事を実践していく

業績実践策の実践として「戦術」機能で1カ月間のやるべきことが具体的に決定事項として決まりました。それに従い、全員が役割分担に基づき、決め事を決まったようにやることを実践します。

ここで重要となるのが、「行動管理」です。戦術機能で自分が取り組むべき最優先業務を考え、判断し、スケジュール化します。

戦闘とは実践力です。

目標を達成させるために、日々の仕事に対し、やらざるを得ない仕掛けをつくり、やらせていく方法です。決まった内容を決まったようにやらせていくというのが戦闘であり、役割分担による日常業務・具体策の実践です。チームリーダーを含め、全社員が努力して実践します。

■「しつこく」が成功のポイント

チームリーダーはしつこく、細かく現場業務を指導します。「しつこく」とは、メンバーにやるべきことをやらせていくこと。「細かく」とは、メンバーの行動予定を押さえることです。

現場指導にはいろいろとありますが、**最終的にどこを押さえればいいかというと、「メンバーの行動予定」です**。いくらやるべきことが明確でやり方がわかっていても、それが行動予定になければ実践できません。このポイントをきちんと押さえることが本当の意味で人を動かすことになります。

■決め事を守らない会社に業績のご褒美は訪れない

神様はよく見ています。

決め事を守らない会社には、業績が訪れないようにしているのです。「いや、うちの会社は業績は上がっているよ」と言う社長もいます。確かに物選びがよいと業績は一時的には上がります。

決め事を守る集団の歴史は最初から守ることができていたわけではありません。ポイントは守らせる躾《しつけ》をしたから、決め事が決まったようにできたという点です。やる人は言われなくてもやる。しかしやらない人はやらない…。このやらない人をやらせる環境づくりなのです。

どこの会社も「当たり前のことを当たり前のようにやる決定事項」ばかりです。だから「決め事を守ること」が業績決定要因の一つになるのです。

業績の良い会社は、決め事を守る意識が高い。高いから「守らせる」に労力を注が

なくて済む。結果、他のことに注力できるから、業績も上げやすいのです。

組織は人が動かす。人が組織を動かしやすくするためには、繰り返すようですが、やるべきことをパターン化することが大切です。やるべきことのパターンを決めないから、習慣化できないのです。

戦闘がないチームの特徴は、「笛吹けど、踊らない」状態であること。経営は最終的には実践の勝負です。決まったことを決まった通りにできないチームには、業績のご褒美はやってきません。

■それでは戦闘で何を実践すべきか

戦闘で実践すべき内容ですが、まずは、「部門方針や業績目標に対する決定事項」に関することです。これは前述していますので割愛します。

次に「基本動作」に関する内容です。

いくら業績をつくる黄金法則の部門方針や商材戦略や戦術の機能を構築しても、現場でこの黄金法則を動かすためには、人・チームを動かす基本動作である指示命令や報告・連絡や会議・ミーティング等ができなければ仕事になりません。

そして「会社独自の仕事のスキル」に関する内容に注目します。あなたの会社で、仕事をするために必要な知識・技術です。今月に取り組むことを決定事項として決めても、「その仕事のやり方を知らない、できない」では実践できません。

21世紀のチーム運営では、単純にルーチンワークをこなすだけでは生産性は上がりません。戦闘を実践するために必要な要素が増えているからです。

■戦闘マネジメントのポイントはココ！

戦闘マネジメントのポイントは5つあります。

1　決定事項を最優先業務としてメンバーの行動予定に組ませる
2　チームとしてやるべきことをメンバーに共有させる
3　確認事項等が発生したら、随時ミーティングを行い、対策を立てる
4　決定事項の進捗状況を随時、メンバーから報告させる
5　指示命令に対する報告・連絡を励行させる

しつこいようですが、全員で決め事を決まったようにやることが大切です。具体的な計画を作成する段階で決め事はでます。

大事なのは、その決め事に基づく実践です。チームリーダーの仕事は、決め事をキチンとやらせていくことが最大の仕事となります。

そのためには、何度も繰り返しますが、メンバーが協力して、「決め事を守る風土をつくる」が大事になります。

■戦闘の事例

- 戦闘の事例は戦術でご紹介しました決め事を守らせるシステムの運用がベースになります。
- 基本動作については第6章で確認してください。

ルール
11
環境整備なくして黄金法則は機能しない

■働きやすい職場をつくる

環境づくりと次への対策とは、黄金の法則を動かすために必要な環境を整えることをいいます。黄金の法則の要素をつくっても、そのやり方を知らなければ、実際にはできません。

たとえば、基本動作である会議・ミーティング・指示命令・行動計画・決定事項遵守・報告連絡がうまくできないと難しくなります。

また、次に活かす学習能力、学習効果を発揮させる環境整備を図っていくことが重要です。

■環境整備はマネジメントの主要項目

組織運営をする際、弱みとして中小企業が抱える体質の特性やプレイングマネジャー体制が邪魔をします。

基本動作ができていない、決め事を守らない、ルールと基準づくりの問題、兼任主義にもかかわらずマネジメントバランスがリーダーに偏りすぎている、マネジメントの仕組みが会社になく、リーダーが属人的に行っている等々です。

ここで、必ず考えていただきたいテーマがあります。「実際に実践していく、やってもらうためには必要な知識、技術の習得をどうしていくのか」「うまくいかない理由・要因・背景等の阻害要因をどうやって排除していくのか」ということです。つまり、環境づくりというテーマです。これもマネジメントの役割の一つになります。

精神論だけではできません。「頑張ろう」だけではやっぱりできない。具体的に考えていかないといけない。現状のチームでやり切るために必要な環境をどうやって整備していくのかが重要です。

環境整備がないチームの特徴は、学習能力が弱いこと。現場での仕事は繰り返し行う規則性の仕事が70％です。**学習能力を高めないと同じ失敗を繰り返したりするようでは、チーム運営や現場業務の仕事のレベルが上がらず、リーダーに依存しすぎるチームになります。**

■環境整備マネジメントのポイントはココ！

次の5つがあります。

1　チームリーダーの価値観を伝える場を設け、伝えていく
2　チームは全員で動かすという考え方や実践方法を理解させ、やらせていく
3　基本的事項に労力・時間がとられないように、メンバーに習慣化させる
4　メンバーのチームリーダーに対する依存心をなくさせる仕掛けを行う
5　環境整備推進はメンバー全員に役割、責任意識をもたせる

これらのことを通して、メンバーにリーダーシップを発揮させ、その成功体験を積

み重ねていってもらいます。

■環境整備の事例

環境整備の事例は左記のページをご参照ください。

●マネジメント・システム（122・123ページ参照）

●事例企業A社① ＯＪＴ型の業績検討会議（147ページ参照）

●事例企業A社④ 中堅社員ＰＤＣＡ勉強会（153ページ参照）

●事例企業B社③ 経営カレンダーづくりの作成・運用（163ページ参照）

●チームマネジメントバランス分析（210・211ページ）

●マネジメント業務事例（212・213ページ）

●基本動作については第6章で確認してください。

◆

本章のまとめ

「業績対策」は部門方針、商材戦略を検討・決定します。それを明日からどのように具体化していくかを考えて、決定事項をつくるのが「戦術」です。次に現場で「戦闘」を行う実践となります。

現場が動き出すと、必然的にプランのやり直しがでてきます。その時に戦術の組み直しと戦闘のやり直しを行う軌道修正が必要になります。そして、月末を迎え、次回にやりやすくしていくために環境整備を図る流れとなります。

黄金法則通りになかなか進まない背景として中小企業が抱える体質特性とプレイングマネジャー体制にあります。

戦略だけでは、業績は上がりません。チームを動かすリーダーの方々は、部門方針・商材戦略、そして全員を巻き込んでの戦術・戦闘という流れをきちんと自分の中で整理・体系化し、チームに共有化させていただきたいと思います。

第4章

業績をつくる黄金法則のルール

【事例編】①

プレイングマネジャーがついつい陥りがちな6つの罠（病気）を紹介。さまざまな業種の運用事例や、成功したチームマネジャーの共通点をさぐることで効率よいアクションにつなげる。

ルール
12
プレイングマネジャーに発生しやすい病気

チームリーダーが現場の仕事とチームを動かすマネジメントを兼任するには弊害があります。一般的なプレイングマネジャー体制では、以下のような特徴があります。

1　マネジメントタイムを取れていない
2　マネジメントバランスが偏りすぎている
3　戦術・戦闘のマネジメントの仕組みがない
4　マネジメントのやり方を知らない

ここでは、プレイングマネジメント体制で動いているチームが無意識にかかりやすい病気を6つのカテゴリーでご紹介します。後述（102ページ以降）しますが、図表の「①自チームの病気名」「②病気の根本的要因は」「③根本的要因を解決する方向性は」「④

私が考える理想のチーム像は」については、弊社が定期開催しているプレイングマネジャーの仕事術ゼミナールにて考えてもらっている内容です。

1　上司への依存が強いチームに起こりやすい病気

メンバーがチームリーダーに依存することによって発生する病気。「依存する」とは自分で考えることや行動することを拒絶することであり、チーム内でリーダーの力が強すぎる組織にみられる傾向

2　チームを運営する機能が弱いために発生する病気

リーダー、メンバーがチームを運営していくために必要なチームづくり意識が乏しかったり、その方法がわからないチームに起こりやすい現象

3　会社の仕組みがないために発生する病気

マネジメントはチームリーダー自身の属人的な意識によるルールや感情で運用するのではなく、会社の仕組みと役割に則って行う。つまりチームに仕組みがないとマネ

ジメントはしにくい。特定の人にしか、マネジメントができない組織の基盤は脆弱

4　成長スピードに人の成長が追い付いていかない病気

会社の成長スピードは人の成長スピードより確実に速い。急成長している企業はこの現実に悩まされる。このような企業はプレイングマネジャーに戦略展開、人財育成、マネジメントが集中しすぎるため、ここで紹介している問題が発生しやすくなる

5　属人的な仕事のやり方による病気

発生する大きな要因は、会社自体が個人商店の集まりのため、組織での仕事をする習性ややり方を知らないために起こる

6　リーダー機能の未発達による病気

プレイングマネジャーの仕事のなかで、プレイヤーの比率が90％以上と高すぎるマネジャーが率いるチームに起こりやすい現象。チームにコントロール機能がないために無法地帯になっている

コラム 2

21世紀型チームリーダーの心得

３年経ったら、すべてを見直す

「女房と子供以外は全部変えろ！」

これはサムスン電子の李健熙《イゴンヒ》会長が 1993 年に、独フランクフルトで全役員を集めた会議で、経営方針の転換を宣言し、こう檄《げき》を飛ばした。この宣言は「フランクフルト宣言」として知られ、これからサムスンの快進撃が始まる。

時代の変化とともに、多くの会社では古参幹部が大量発生中である。「時代の変化」とは、市場が過去の仕事のやり方を否定し始めたことを意味する。以前の古参幹部は、会社の成長スピードに伴う担当役割の変化についていけないから発生した。最近の古参幹部は、中堅・若手社員との仕事の力量の差がなくなっている。社員は仕事ができる幹部に、最初はついていく。なぜなら、自分が仕事を覚えたいからである。

しかし、仕事を覚えた社員は、その幹部から仕事で吸収するものがなくなったと感じ始めたら、その幹部への見方・対応が変わってくる。その幹部に人間的魅力があれば、尊敬度合いは今までと変わらない。しかし、人間的魅力がない幹部の場合、幹部としてみてもらえないケースが出てくる。このような幹部は、立場を利用してパワハラを行うと古参幹部になっていく。

普通に働く人は、同じ仕事を同じやり方で３年行うと、誰でもマンネリに陥る。だから、意図をもって、自分にＮＥＷテーマを課すことが重要。ましてや、仕事で変わらざるをえない環境に置かれるのは有難いことである。人間のもっている基本的能力に大差はない（天才以外は…）。40 歳の人は 2040 年、45 歳の人は 2035 年、50 歳の人は 2030 年までは、働かざるを得ない人が大半。

日本の財産が古参になるには、まだまだ早すぎる。

プレイングマネジャーのチームで発生しやすい病気①
依存カテゴリー

No.	カテゴリー	①自チームの病気名	②病気の根本的要因は	③根本的要因を解決する方向性は	④私が考える理想のチーム像は
1	**依存**	上司依存症	●サブリーダーが私だけで、意思決定するベテランがいない ●意思決定できる若手がいないため、私の範囲外はすべて上司に依存	人員配置の見直しや若手育成が必要	サブリーダーと若手とベテランを融合。全体コントロールや炎上している業務のサポートができるコミュニケーションの取れるチーム
	メンバーが上司への依存が強いチームに起こりやすい現象	慢性的属人依存症	できる人に業務が集中してしまうため	業務量バランスの均整化とスキルアップ	メンバー全員がプロフェッショナルの意識をもったチーム
		経営トップ依存症	経営トップの営業力と企画・リーダーシップに頼りきったため、結果・成果に対する責任まで希薄となっている	結果・成果へのコミットを前提に行動する	メンバー全員のベクトル・優先順位が同じであるチーム
		マネジャー・リーダー依存	専門性が高く、個人能力差があることから、任せにくい	標準化や個人の能力を上げる	誰でもチームの業務が一通り行える
		自分の仕事だけやっていればよい病	上長に対する依存心が強く、自分の仕事だけをこなし、責任の意識が欠けている部分がある	メンバーが自分で判断し仕事ができるようにする	メンバーの仕事に対する意識付け、目標、そこまでの道筋を明確にし、自分が関わらなくても進んでいけるチームづくり

依存とは、「考えない」を意味する。メンバーにはチームを「ヒトゴト」でなく「我が事」として捉えた意識と行動をさせせることが大切。

注）私：仕事術ゼミナール（110ページ）の参加者

プレイングマネジャーのチームで発生しやすい病気②

チーム運営機能なしカテゴリー

No.	カテゴリー	①自チームの病気名	②病気の根本的要因は	③根本的要因を解決する方向性は	④私が考える理想のチーム像は
2	**チーム運営機能なし**	チーム全員が、なんとなく働いている病	方針・目標を理解せず、やるべきことを明確にせずにルーチンワークで満足している	リーダーシップを発揮させる（責任の意識がないので、メンバー全員に役割を与え、責任意識をもたせる）	チーム全員が同じ目標を理解し、もち、同じものを目指せるチーム
	リーダー、メンバーがチームを運営していくための共通認識欠如やその方法がわからないチームに起こりやすい現象	個人プレイ症候群	指示命令が伝わっていない、後追いやチェックができていない	指示、連絡、チェックを徹底する	チーム全員で同じ意識で行動する
		投げっぱなし病（決定事項に対し担当者を決めるが進捗のチェックをしない状態）	①各メンバーに行動をゆだねる方針 ②定期的なチェック機能がない ③忙しくてチェックまでまわらない	決定事項毎にチェックする担当を分けてマネジャーのみに集まっていた管理負担を減らす	全員が責任と自覚をもって会社および部門の目標に近づくために動けるチーム
		決めない・チェックしない病（これまでやってきたことしかやらない）	案件単体ではなく業務について全員で語る機会をもたなかったため	定期ミーティングを行いPDCAサイクルを行う	●各人が自発的に発案・実施を行うチーム ●安定感をもってチームが運営できている状態
		実行継続力欠乏症	①チェックとフィードバック頻度にムラがある ②チェックがなければやらない。習慣化するクセがない	①決められたタイミングでチェックとフィードバックを行い、習慣として基本動作レベルまで落とし込む ②実際に実行されているか他のスタッフにも確認をすること	①適切な知識をもって、お客様に新しい価値提案を能動的にできる ②自分で考え実行していく、させていくチーム

人が集まることがチームではない。チームを動かす方法、ルール、仕事の技術などが明確になり、これらを実践するからチームになる。

プレイングマネジャーのチームで発生しやすい病気③
会社の仕組みカテゴリー

No.	カテゴリー	①自チームの病気名	②病気の根本的要因は	③根本的要因を解決する方向性は	④私が考える理想のチーム像は
3	**会社の仕組み**	昔からのやり方が残っている病	会社の仕組み	声をあげる実力があるリーダーが出てくる	コーチングするリーダー
	会社の仕組みが現場に合わなくなったり、そもそもなかったりするから起こりやすい現象	既存業務依存症	なれ親しんだ業務フローからの脱却ができない	業務内容を把握し的確な改善ポイントを明示したうえで、効率化と生産性が向上するエビデンスを出す	①チーム全体が同じ意識をもって課題に取り組み即効性のある解決策を見出す ②メンバーだけで課題を解決しマネジャーに頼らない
		個人プレイ	ミーティングなど情報共有の場がない	ミーティングの実施	メンバー全員が問題意識をもって取り組む
		方針を計画通りに実行できない病	いつまでに何をどのようにしたら良いかわからない	①行動計画の再認識 ②チェック機能の見直し	①各個人が考える習慣をもち、何をすべきかを理解する ②情報の共有ができる

価値観の違う人が集まり、運営するため、潰れる確率が高くなるのが会社。働くうえで同じ DNA を意識させるのが仕組みの目的でもある。

プレイングマネジャーのチームで発生しやすい病気④
企業急成長ひずみカテゴリー

No.	カテゴリー	①自チームの病気名	②病気の根本的要因は	③根本的要因を解決する方向性は	④私が考える理想のチーム像は
4	**企業急成長ひずみ**	リーダーに余裕なし、メンバーに経験なし	目先の目標に追われ、マネジメントまで手が回らない	計画的な売上目標の達成	担当が変わっても売上等に影響が出ないチーム
	会社の成長スピードに人の成長が追い付いていない企業に起こりやすい現象	オーバーフロー病	①人材不足 ②人材教育不足	①人材育成 ②業務の標準化・効率化	①業務が標準化されているチーム ②臨機応変に対応できるチーム
		オーバーフロー病	ルールが未熟だから	各部署での意識付けをルールに入れる	目標に対して明確な行動を各部署が実施し、現状の形に満足することなく改善・実行するチーム
		余裕がない病	業務量が多く、与えられた仕事を淡々とこなすのみで、１ランク上の業務や新規業務等の開拓に進んでいくことができていない	今いるメンバーのスキルアップとメンバーの増加	○メンバー全員がある程度の共通知識をもち、不意の事態にも全員で補完しあえるチーム ○部署の方針に対してもそれぞれが意見を出しあえる状況にある

人の増加ではなく、急激な仕事の増加により会社は成長する。この仕事の増加がさまざまな歪みを会社に運んでくる。急な成長は火傷のもと。

プレイングマネジャーのチームで発生しやすい病気⑤
個人商店カテゴリー

No.	カテゴリー	①自チームの病気名	②病気の根本的要因は	③根本的要因を解決する方向性は	④私が考える理想のチーム像は
5	**個人商店**	マニュアル化停滞病	OJTで見て覚える、やって覚えることのみでマニュアル利用がほとんどない	マニュアル使用での業務を習慣づける	標準化が進み、入ったばかりの人でも仕事を覚えやすいチーム
	属人的な仕事のやり方が主体の企業に起こりやすい現象	コミュニケーション不足病	個人商店になっている。分業体制になっていないため、個人のやることが多い	期日を明確にし、途中経過も把握するようにする	①チームとしての目的、方向性がしっかりとしている ②協力体制がしっかりしており、お互いを把握している。分担、分業作業制にする
		個人プレイ病	それぞれの経験・立場で業務を遂行している	ルールづくり。そのルールに則って業務を遂行する	第一にルールがあり、そのルールのなかで各人の経験、スキルが発揮できるようなチーム

個人商店が悪いわけではない。社員数が20人を超えたら、組織で仕事をしないと生産性や業務効率が悪くなる。

LEADAR

プレイングマネジャーのチームで発生しやすい病気⑥
リーダー機能未発達カテゴリー

No.	カテゴリー	①自チームの病気名	②病気の根本的要因は	③根本的要因を解決する方向性は	④私が考える理想のチーム像は
6	**リーダー機能未発達**	手足勝手に動く病	①頭であるリーダーが細かな指示・チェック教育ができてない ②リーダーがほぼ100%プレイヤーになっている	①サブリーダー育成 ②リーダー業務の移管によってマネジメントする時間の確保	リーダー・サブリーダーを筆頭に各自が明確な目標をもって日々行動し、それがチーム全体の目標への道筋と常にリンクしており成果もついてくるチーム
	プレイヤーの比率が90%以上と高すぎるマネジャーが率いるチームに起こりやすい現象	自分の目の前の仕事に集中しすぎる病	①他の社員の仕事に興味がない ②会社の業務全体の流れに意識が向かず、目の前の事だけこなせばよいと思っている	社員の意識を変えるような取り組みが必要	大まかでも部門・チームの短期方針が理解できて、互いのやっている仕事の相互理解が進むようにする
		不整脈（現状では大きな問題にならないがこのままの状態が続くと大きな病を併発）	部門長の不在が多い（自分自身の立ち位置や考えがプレイヤーのみの考え方）	人員の固定	マネジャーの一声で全員のベクトルを合わすことができる

リーダーがプレイヤー業務に追われると、リーダー機能がチームからなくなり悪循環スパイラルに入る。プレイヤーのやりすぎは気をつけよう。

ルール
13 黄金法則を理解・構築・運用する

■プレイングマネジャーには何が必要か

ここではプレイングマネジャーの仕事術ゼミナール研修内容を紹介していきます。

弊社ではプレイングマネジャーの仕事術アップを目的とした研修プログラムとして月1回6カ月の180日コースの「プレイングマネジャーの仕事術ゼミナール」を定期開催しています。この研修では、前述した中小企業のチームを動かすために必要な業績をつくる黄金法則を各参加者の職場実態に応じて考え、作成、そして運用をしていただいています。

参加される方は、各部門・各課単位を動かしている責任者・ナンバー2、ナンバー

プレイングマネジャーの仕事術ゼミナール
カリキュラム例

第１回目　**チームマネジメントに必要な、業績をつくる黄金法則を理解する**

チームマネジメントに必要で、自チームに足りないものを自己分析し、黄金法則に基づき、自分なりに考えて構築

第２回目　**チームに方向性を示すことを理解する**

チームを動かすための仕組みを理解し、３カ月先までの部門方針や来月の業績達成に向けた具体策を考えて作成

第３回目　**チームの動かし方を理解する**

必要な決め事や行動計画のつくり方を理解し、実践方法を習得

第４回目　**チームのレベルアップを考える**

ナンバー２やメンバーの仕事の力量・チームで働く力を分析し、育成計画を立案し、レベルアップ方法を考える

第５回目　**チーム指揮官として前線指示の仕方を覚える**

メンバーに対する部門方針・目標・具体策の説明と自分のマネジメントパターンを考える

第６回目　**チームを動かすプレイングマネジャーの仕事術を身につける**

チームマネジメントに必要なプレイングマネジャーの仕事術パターンを確立

3クラスや主任・課長・部長クラスの人財層やヤル気のある若手社員が大半です。

■【参考】仕事術ゼミナールの基本骨格

プレイングマネジャーの仕事術ゼミナールの基本骨格ですが、前半の1〜3回目は**基礎理解編**として、「①マネジメントの基本を理解」「②プレイングマネジャーとして、人・チームを動かす原則の理解」「③部門方針・先行管理・決定事項遵守のマネジメントスタイル」を自分の職場に合った方法で考えてもらいます。また外部環境の変化・業界動向等を理解してもらいます。

3回目終了後は、研修生個人のマネジメントパターンの方向性を確認するために、研修インストラクターが現場訪問をして、参加者への個人コンサルティングを実施して、研修生の職場に合った（業種・規模・レベル）マネジメントパターンの方向性を決めて後半の4〜6回目に臨みます。

後半の4〜6回目は**オリジナル編**として、「①自分の職場に合ったオリジナルのマネジメントパターンをつくる」「②オリジナルのマネジメントパターンを職場で実践する」「③自分たちのレベルに合ったチーム強化策【仕事の力量分析・ＯＪＴプランの作成】」「④人を動かすための現場でのテクニックを習得する【方針の示し方・指示命令・報告のさせ方etc】」に取り組みます。

つまり、この研修はリーダーシップ・マネジメントの理論だけではなく、プレイングマネジャーとして現場で人・チームを動かすために必要なテーマに特化し、６カ月間の時間をかけ、自分たちに合った業績をつくる黄金法則を理解し、構築し、運用していただく内容になっています。

ここから本章事例でご紹介する「①業績をつくる黄金法則の実例（部門方針・先行管理・決定事項）」「②マネジメントシステム」「③チームの変化分析」「④自分自身の成長分析やスキルマップやチームマネジメントバランス分析（説明は後述）」は、このプレイングマネジャーの仕事術ゼミナールにて実施している内容です。ご参考ください。

ルール
14

黄金法則の実例を見る

中小企業には、業績をつくる黄金法則があります。その流れは①部門方針、②商材戦略、③戦術、④戦闘、⑤環境整備、この5つのポイントがあることは、ご説明しました。ここでは、研修生が作成しました部門方針・先行管理表・決定事項一覧をご紹介します。

事例1 ルート営業の業績管理パターン

この事例企業は生産財部品の卸販売業を営んでいます。ご紹介する部門方針・先行管理・決定事項表はルート営業の基本パターンで、業績管理は3カ月の先行管理をベースに進めていく事例です。

ルート営業の業績管理パターンの黄金法則事例

部門方針 … 部門計画書

▪プレイングマネージャー　デシジョンボード▪　2018年　11月　度 部門方針・実践具体策

表示する受講生：　　　　　　　　　　　　　　　　印刷する

11月の業績を決定づけるポイント	12月の業績を決定づけるポイント	1月の業績を決定づけるポイント
在庫削減20%	○○回路設計ブロックの口座開発	○○電子向けFPC新規案件受注
11月のチームスローガン		
新規案件開拓へ展開強化		

経営方針	重点方針	目標(値)	実践具体策	担当	推進者	前月結果	11/05	11/12	11/19	11/26	締日
販売管理強化	受注情報状況管理	[illegible]	毎月1日・15日（当月・次月分）の受注	○○	○○						
販売管理強化	拡販（新規・継続）状況確認	月1回	戦略展開を含み月1回確認	○・○	○○						

商材戦略 … 先行管理

11月度粗利益高先行管理表

作成日：2018年11月1日
所長名　●●●●

1．売上高予測　　（単位：万円）

NO	対象月	11月　見通し（　月　日現在）						12月　見通し（　月　日現在）						1月　見通し（　月　日現在）					
	項目	計画	ベース	現状見込	差額	追加対策	最終	計画	ベース	現状見込	差額	追加対策	最終	計画	ベース	現状見込	差額	追加対策	最終
	利　益	480	320	110	50	42	472	450	320	70	60	26	416	450	320	70	60	28	418
〈主要得意先〉							0						0						0
1	●●工業	50	25	10	15	10	45	50	25	0	25	5	30	50	25	0	25	5	30
[illegible]	●●[illegible]	80	20	40	20	[illegible]	[illegible]	[illegible]	20	15	45	5	40	[illegible]	[illegible]	[illegible]	[illegible]	10	35
6	●●電子	[illegible]	[illegible]	[illegible]	14	2	101	85	55	[illegible]	[illegible]	[illegible]	[illegible]	85	55	10	20	[illegible]	[illegible]
	合計	300	117	157	26	27	301	300	145	45	110	20	210	290	145	40	105	22	207

11月見通し（　月　日現在）・12月見通し・1月見通しを現在の決定事項チェック日と同日に更新していく

2．ギャップ対策（継続拡販・新規拡販・新規開拓・スポット　等）

NO	得意先名	アイテム・案件内容	メーカまたは仕入先	採用時期と目標売上・粗利	客先キーマン	進捗状況（障害事項や協力依頼事項なども）	得意先の概況およびトピックス等
1	●●電子	FPC	●●●●	2018/12試作 試作粗利5万 量産時期未定 量産粗利20万	●●様	試作品の試験を12月までに行う。 試験結果確認後のタイミングで一度中国に行きたいとの事。	11/11●●と打合せ予定。
3	[illegible]	[illegible]	[illegible]	20199/2量産予定 量産粗利2万	[illegible]	[illegible]	が延期になる。

戦術 … 決定事項管理

検討した追加対策を決定事項に落とし込んでいく

検討した①部門方針②先行管理表の具体策を当月の決定事項として落とし込む

＊当月とは 11 月 1 日から 11 月 30 日（① 11 月対策② 12 月対策③ 1 月対策で 11 月 1 日から 11 月 30 日に取り組む決定事項）

▪プレイングマネージャー　デシジョンボード▪　2018年　11月　度決定事項チェック表

表示する受講生：　　　　表示順：期限順　　　　印刷する

[2018年11月度　決定事項チェック表]　　>>当月終了分表示<<

重要度 決定日	項目	担当 期限	内容	前月結果	11/05	11/12	11/19	11/26	締日
A 2018-11-09	○○株式会社の納期管理・調整	○ 2018-12-03	基板仕入先○○○（株）との定期打合せで材料納期確認						
[illegible] 2018-11-01	○○株式会社への売上[illegible]	[illegible] 2018-11-30	[illegible]製品のＰＲ，○○部門の開発担当[illegible]						
B 2018-11-01	メーカー同行の推進	○ 2018-11-30	○○（株）は○○と○○へ						

この企業は、部門方針と商材戦略（先行管理）については、3カ月先までを考えています。部門方針は重点に取り組む内容を考え、商材戦略（先行管理）は粗利益をベースに主要顧客を中心に対策を立案しています。

業績を把握する項目として、計画・ベース・現状見込・差額・追加対策を設定して、差額があればギャップ対策（継続拡販・新規拡販・新規開拓・スポット等）で対策を立案しています。数値の展開方法は、11月・12月・1月見通しを、11月の初旬・10日・20日の10日単位で現状を把握して、対策を講じています。そして、検討した11月から1月までの対策を、11月1日から11月30日に実践する①11月対策②12月対策③1月対策の決定事項として全メンバーで検討・決定します。

決定事項の進捗管理は見える化を図り、毎週金曜日にチーム全員がそろい、チームのナンバー2やナンバー3の中堅社員が決定事項のチェックを行っています。

事例2 人財育成にウエイトをかけたパターン

この事例企業は医療系の特殊技術でサービスを展開している企業で、設立20年未満

人財育成にウエイトをかけた黄金法則事例

部門方針 … 部門計画書

▪プレイングマネージャー　デシジョンボード▪　2018年　11月　度 部門方針・実践具体策

表示する受講生：　　　　印刷する

11月の業績を決定づけるポイント	12月の業績を決定づけるポイント	1月の業績を決定づけるポイント
システムの要件定義を完了させる ○○○：各規制要件の情報収集を行い、情報を整理する。導入したシステムによるデータチェック方法の検討を行う。 スキルマップを完成させ、研修・OJT計画を立てる ○○○と契約締結し、情報収集を開始する クライアントの満足度調査を開始する	○○○:社内SOP素案を取りまとめる グループ研修を行い、全体的な知識レベルの底上げを行う クライアントの満足度調査結果の分析をもとに業務改善計画を立てる	○○○の定期的な開催と改善具体策の検討 ○○○関連の全体研修の開催 満足度調査の確実な実行
11月のチームスローガン		
自分の強みと弱みを把握し、年間目標を立てる		

経営方針	重点方針	目標(値)	実践具体策	担当	推進者	前月結果	11/05	11/12	11/19	11/26	締日
	新規システムの追加機能開発	2月リリース	IT部門とのスケジュール調整、要件定義の目めの固定	○○○	○○○						
	情報収集	顧問契約	約を締結する	○	○						
	クライアントとの関係強化	リピート受託	満足度調査の実施と業務改善	○○○	○○○						

商材戦略 … 先行管理

○○グループ2G　15期人財育成先行管理計画表

目標（方針）	○○プロジェクトの円滑な遂行に必要な専門知識・スキルを複合的にレベルアップし、効率的なプロジェクト運営を行う									
行動計画（戦略）	目標値	実践具体策（戦術）	担当者	推進者	10月	11月	12月	1月	2月	3月
各メンバーのスキルや業務知識の習熟度と育成目標を明確にし、必要	各スキル項目の習熟度アップ（全員）	スキルマップの作成（本人作成→AM・GMチェック）とトレーニング	全員	AM/GM ○○	案固定	○	○	○	○	○
		プロジェクト開始時の実施計画のプレゼン by PjM	各PjM	AM/GM		«PJ» A,B,C,		«PJ» A,B,C,		
		・施設対応者の事前プレゼン ・社内研修の事前練習				A	A			
メンバーの経験領域・担当業務を増やす。	2領域以上のプロジェクト担当業務を増やす	プロジェクトの再配置	AM	GM		○	○	○	○	○

戦術 … 決定事項管理

▪プレイングマネージャー　デシジョンボード▪　2018年　11月　度決定事項チェック表

表示する受講生：　　　表示順：期限順　　　印刷する

[2018年11月度　決定事項チェック表]　　　>>当月終了分表示<<

重要度 決定日	項目	担当 期限	内容	前月結果	11/05	11/12	11/19	11/26	締日
B 2018-10-18	○○Dr.との顧問契約	○○ 2018-11-25	顧問契約を締結し、相談できる体制を構築する						
B 2018-10-03	○○○強化用のシステムの契約締結・端末の準備	○○ 2018-11-30	11/1利用開始に向け契約締結とソフトウェアインストールを行う						
2018-11-20		2018-11-20	各自スキルの						
A 2018-11-20	研修・OJT計画の作成	○○ 2018-12-31	スキルマップを参考に、研修・OJT計画を立てる						

で急成長している企業です。現状問題となるのが、**仕事はあるものの、それに対応する人の育成が追い付いていない点**です。育成が追い付いていない階層は、チームリーダーや現場の技術者です。

事例1でご紹介したルート営業企業の業績項目は粗利益でしたが、この会社の業績づくりは仕事に対応できる技術者の人財育成がポイントになります。そこで、この企業は**人財育成先行管理計画表を作成し、業績決定要因対策を急ピッチで行っています**。この企業のように若手社員や経験値が少ない社員が多いチームでは、いたずらに売上高等の数値目標を設定しても、会社で働くために必要な知識や技術がないわけですから、現場では戦えません。

戦う武器をもたないのに、無理やり戦わせると成果は上がらないし、社員は辞めていくだけです。このような視点があることも参考にしてください。

事例3　間接部門の定型業務対応パターン

この事例は間接部門の事例です。間接部門の特徴は、**毎年、同じ時期に同じ仕事を**

間接部門の定型業務対応の黄金法則事例

部門方針 … 部門計画書

■プレイングマネージャー　デシジョンボード■　2018年　12月　度 部門方針・実践具体策

表示する受講生：　　　　　　　　印刷する

12月の業績を決定づけるポイント	1月の業績を決定づけるポイント	2月の業績を決定づけるポイント
年内の販売結果集計 年明けの売上予想 社内美化 お年賀・年賀状の用意	年明けの売上集計・分析・予想作成 融資返済預金調整 新年挨拶 カスタマイズに向けての最終決算チェック	年明けの売上集計・分析・予想作成 融資返済預金額調整 予約・カスタマイズの前受処理 5月ショールームに向けての社内整備

12月のチームスローガン
年内の目標に対しての数字を把握しておく　カスタマイズシステムのシステム最終調整 年が明けたら商戦本番がんばろう！！！

経営方針	重点方針	目標(値)	実践具体策	担当	推進者	前月結果	12/03	12/10	12/17	12/24	締日
	予算の修正	△△	今期に支払った金額と売上の動向を確認し、予算の修正を図る	○ ○	●●						
	9月末の売掛金		…書確認	○							
		△△	…ネット導入	○	●●						
	販売開始後の売上分析	△△	毎週月曜日に売上報告	○ ○	●●						

商材戦略 … 先行管理

１５ヶ月先行マネージメントスケジュール予定表

		１０月	１１月	１２月	１月	２月	３月	４月	５月	６月	７月	８月	９月	１０月	１１月	１２月
1	重要項目															
2	予算策定			**●予算の修正（①）**							●来期予算作成・調整					●予算修正
3	融資計画				●書替手続		●融資の返済		●融資計画作成			●融資実行		●追加融資決定		
4	●●●売上の販売分析	●予約計上	**●年内売上分析（②）**		●売上分析					●来期売上予想				●予約計上	●年内売上分析	
9	反省点改善			**●年末年始の準備（3）**						●今期反省点改善・強化						
10	建物の整備					●半期清掃						●半期清掃・オープン準備				

先行段取り表

NO.	スタート時期	実施日	実施項目	担当	期限	具体的実施項目	チェック
1	11月上旬	12月上旬	予算の修正（①）	●●	12月上旬	11月までに支払った金額の簡易元帳作成	
				●●	12月中旬	12月までの売上を受け、金額を確定	
				●●	12月末日	売上が順調でない場合の予算修正案作成	
3			…の準備（3）				
				●●	12月17日	年賀状の印刷完了・各部署へ一言書き依頼	
				●●	12月21日	年賀状の最終取りまとめ・投函	

戦術 … 決定事項管理

■プレイングマネージャー　デシジョンボード■　2018年　12月　度決定事項チェック表

表示する受講生：　　　　表示順：期限順　　　　印刷する

[2018年12月度　決定事項チェック表]　　　　>>当月終了分表示<<

	重要度 決定日	項目	担当 期限	内容	前月結果	12/03	12/10	12/17	12/24	締日
登	12　15		12　15							
更	A	勤怠システムの運用開始	●●	勤怠システムの申請方法を周知する。 承認方法を周知する						
更 削	12　02		●● 12　28	…絡して揃っているものだけ入力する						

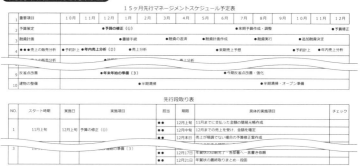

繰り返すルーチンワークが仕事の基本骨格となっている点です。この特性を活かすためには、**学習効果を発揮し、業務改善を図ることが業績づくりのポイント**になります。

中小企業の弱点に再現化が弱いことがあります。昨年行ったことをゼロから考えるのではなく、今年、「10の力」でやったことを来年は「8の力」でやるためには、学習能力を高め、その効果を発揮することが必要です。これが会社固有のノウハウになり、全体の70％を占める定型業務のレベルアップにつながります。

そのためにまず、最初に**15カ月先行マネジメントスケジュール予定表を作成します**。これは「やるべき仕事」の実施時期に基づいて15カ月分のスケジュールを組みます。12カ月分では、決算期でタイムロスが発生しやすくなり、期首への対応が後手になることが多くなります。

次に先行段取り表を活用しますが、スタート時期と実施日を分けて考えます。多くの間接部門担当者は実施日を起点にやるべきことの段取りを考えるからうまくいきません。ポイントは、スタート時期に合わせて先行段取りを組むことです。

117ページの表では、商材戦略・先行管理に予算の修正（①）があります。実施日は12月上旬ですが、スタート時期は11月初旬です。このケースでの間接部門の先行管理は、11月初旬から行うようになります。この先行段取り表は15カ月先行マネジメントスケジュール予定表に基づき、毎月毎に準備すべき実施策を年間12カ月分作成します。

そうすることで、間接部門の業績先行管理のベースができ上がります。段取り上手は仕込み上手です。実施する直前になり仕込むからうまくいきません。「終了工程に手をかけずに、前工程に労力をかける」か「**終了工程に手をかけ、前工程に知恵をかける**」かの違いです。

前述の先行管理に関連しますが、先行体制ができ上がらない要因は「終了工程に手をかけずに、前工程に労力をかけてしまう」ことにもあります。

資料・データの整備、整理がなされず、担当者が辞めてしまうと、「会社の恒例行事」もゼロから考え、準備、実施になり、積み重ねの力が会社につきません。ご参考ください。

ルール
15 仕組みでチームを全員で動かす

■効果を上げるためにパターンを決める

チームを動かすマネジメント項目の部門方針、商材戦略、戦術、戦闘、環境整備をつくっても、それを動かす方法を考えないと、現実的に成果は出ません。その動かす方法がマネジメントの技術であり、そこには精神論は必要ありません。

チームでマネジメント項目を動かすためには、その基本型をつくります。この基本型とはメンバーが知り、理解し、そしてできるようにするためのセオリー（＝原理・原則）をいいます。

マネジメントは会社の仕組み自体です。マネジメントはリーダーの属人的な意識（その人固有のやり方、その人独特のやり方）でルールやシステムを運用していくわけではありません。リーダーは会社の仕組みと役割にのっとってマネジメントを行っていくのが基本です。

会社の仕組み自体がマネジメントそのものであり、仕組みがないとマネジメントはできません。つまり、誰がマネジメントをとっても、業務遂行のあり方に大差がないことがポイントになってきます。

そのためには、チームを動かすマネジメントの業務遂行がパターン化されることが重要です。このパターンを実践していくことで会社の仕組みとなります。ここでマネジメントシステムの事例をご紹介します。

■チーム運営での羅針盤をもつ

マネジメントとはルール・制度やシステムを組織に導入することによって、組織集団の動きをコントロールすることです。仕組みがないとマネジメントは難しく、またマネジメントは会社の仕組み自体でもあります。そしてこれをパターン化、見える化

マネジメント・システム

マネジメントポイント	自分で担当する項目	メンバーに担当させる項目
①会社としての視点で、会社の現状や業界内での位置付けを説明し、会社の設定している目標の意味を理解してもらう ②個々の業務についても、事業計画との対応を関連づける ③協設や海外子会社の利用促進など、既存業務の進め方の変革を意識させる	①②③	
①前月までの売上確定と当月以降の売上見込みの整理を行う ②３カ月先までの売上目標と現状の確定値を整理する。計画人数から必要な業務量を確認する。業務量の不足、充足に応じて行動目標を決定し、メンバーに周知する ③業務予定や案件を更新を行い、必要人数と開始日程の確認・調整を行う ④業務配置を決定し、準備を促す他室・他部所の協力が必要になる業務については、事前に根回しを行う	①②	③
①当月の見込み値を再度確認し、不足・充足に応じたアクションを決定する ②継続業務と新規業務の状況を更新し、配置の再調整を行う ③個人工程表を更新し、工程状況を共有する	①②	②③
①工事別工程表の変更項目の更新を行う ②個人別工程表の更新を行い、ヘルプなどの調整を行う ③アクションリストの実施状況の確認を行う	③	①②

プレイングマネジメントスケジュール

	マネジメント羅針盤		
	会議・ミーティング	マネジメントタイム	業績の見通しチェック
1			
2			
3			
4	Weekly Meeting	売上管理表・工程表のチェック（30分）	
5			
6	室会議、Feedback Meeting	前月結果報告と当月以降の見込み、連絡事項（1.5時間）	
7			
8	部会議・	前月結果報告と当月以降の見込み、連絡事項（1時間）・	
9			
10			
11	Weekly Meeting	売上管理表・工程表のチェック（30分）・	
12			
13			
21			
22			
23			
24			
25	Weekly Meeting	売上管理表・工程表のチェック（30分）・	
26			
27			
28			
29			
30			
31			

仕事としてマネジメントを執るための時間（マネジメントタイム）を確保することが大切

マネジメント・システムでチーム全体でパフォーマンスを上げる

	指針・作成・活用資料	運用サイクル	
方針	①経営方針 ②●●●建築設計部運営方針 ③●●設計室運営方針	1年	
商材戦略	①売上工程管理表 ②先行管理表 ③工事別工程表	3カ月	
戦術	①売上工程管理表 ②工事別工程表 ③個人別工程表	1カ月	
戦闘	①工事別工程表 ②個人別工程表 ③アクションリスト	毎週	

マネジメントツール・セルフチェック

サイクル	ツール名	担当	実行時期	月	月	月
毎日単位	各業務状況の確認実施・対応	室長・リーダー	毎日（声かけなどのコミュニケーション）	□	□	□
	個人別工程表の確認	全員	毎日	□	□	□
	業務日報の確認	全員	毎日	□	□	□
				□	□	□
				□	□	□
毎週単位	売上工程管理表・工事別工程表・工事別工程表の確認と更新	室長・リーダー	毎週月曜日の工程会議 9：30～	□	□	□
	工事別工程表の更新（予算・期間・案件）	工事担当者	毎週（変更があるときに実施）	□	□	□
	個人別工程表の更新	全員	毎週金曜日	□	□	□
	アクションリストの更新・確認	全員	毎週月曜日の工程会議 9：30～	□	□	□
				□	□	□
毎月単位	売上工程管理表の確定	室長	毎月末	□	□	□
	工事別工程表で翌月の工事担当者を確定	リーダー	毎月	□	□	□
	個人別工程表で翌月の担当工事を確認	全員	毎月	□	□	□
	翌月の部門方針の作成、商材戦略の更新	リーダー	毎月	□	□	□
	営業対策リストのチェックアップ	室長・リーダー	毎月	□	□	□
3カ月単位	売上工程管理表より営業対策リストの作成	室長・リーダー	毎月	□	□	□
	部門方針・商材戦略の作成	リーダー	毎月	□	□	□
				□	□	□
				□	□	□
				□	□	□
年単位	会社経営方針の作成	社長・役員	12月	□	□	□
	部運営方針の作成	部長	1月	□	□	□
	室経営方針の作成	室長	1月	□	□	□
	チームの年間計画の作成	リーダー	2月	□	□	□
				□	□	□

時系列的にチームを動かすパターンを決めておくことで、全員で対応できるようになる。

し、チームを動かすための羅針盤としてメンバーに共通認識をもたせます。
業績をつくる黄金法則の方針、商材戦略、戦術、戦闘をチームとして立案し、動かしていく羅針盤がマネジメント・システムです。チーム運営での羅針盤をもつことで、チーム運営のブレを極力少なくできます。

チームに羅針盤がもたないのは、海図・レーダーのない船を運航しているのと同じで、危険の予知、問題点の早期発見と早期対応を可能にするためには必要不可欠です。その代表的な施策の一つになります。その中身は、チームを動かすためのマネジメント項目を考えます。

それを、指針・作成・活用資料、運用サイクル、マネジメントポイント、自分で担当する項目、メンバーに担当させる項目に分けて整理します。

■時系列での行動スケジュールには2種類ある

マネジメントツール・セルフチェックとして、時系列的にやるべきことを整理します。そうすることでプレイングマネジメントスケジュールができ上がります。プレイングマネジャーの行動スケジュールは２種類あります。

一つが**プレイヤーとしての行動スケジュール**です。

これは全員が予定を組んでいると思いますが、行動スケジュールを組んでいるマネジャーは非常に少ないのが現実です。シンプルに考えれば、マネジャーとしての行動スケジュールがないと、チームを動かすマネジメントタイムを行っていないことになり、チームを動かすための時間が存在しないことを意味します。

もう一つは**会議・ミーティングやマネジメントタイム、業績の見通しチェック**を仕事として確保することです。

メンバーからの報告等も自分のマネジメントスケジュールにキチンと組み込むことはマネジャーのチームを動かす仕事の基本動作です。指示は出すが、報告を受けることを忘れた「報告痴呆症チームリーダー」は多数います。

これでは、指示命令、報告のコミュニケーションは職場に存在しません。

ルール
16
成功したチームの事例

■明確な目標を提示できない解離性障害のチーム現状

以下は、成長したチームリーダーが、プレイングマネジャーの仕事術ゼミナールに参加した当初の時点と6カ月後の研修終了時の自らのチームを客観的に見た分析です。「①自チームの病気名は」「②その病状にかかっている根本的要因は」「③自チームの病巣である根本的要因を解決する方向性は」「④私が考える理想のチーム像は」の4つの視点でまとめています。事例のチームリーダーにうかがった、研修が始まる前に会社から提出してもらった研修生への期待値をご紹介します。

Q1　参加される研修生が属している部門の目標達成度合いはいかがでしょうか？

➡チームとしてのまとまりがなく、個の集まりになっていて、共感、共有、シナジーという言葉とはほど遠く、組織として専門性の蓄積はできていない。

Q2 参加される研修生はチームを動かす・指導していく役割認識を強くもっていますか？

➡認識は強くもっていると思います。

Q3 経営者が研修生に成長してほしい点はいろいろあると思いますが、上位ベスト3は何でしょうか？

➡①まずは「どういう組織が良いのか？」を深く考える（目標の設定）
単に自分が動くのではなく、チームとして動くことの重要性を知る。

➡②人を動かす技術を磨く
リーダーがいなくても、チームとして自然とPDCAが回るように人を動かす技術をもつ。

➡③嫌われても良いと思えるほどの自信をもってほしい

この会社は急成長していて、社員数が急増、このチームは年上の社員も多く、非常に苦労している状態でした。128・129ページの図表は、研修1回目に黄金法則

現　状	解決の糸口	6カ月後の目指すべきイメージ
①作業に走りがちで自分たちのスキルの価値を見逃している ②個の集まり	①部門の全プロジェクトの黒字化 ②若手リーダーの育成 ③グループの専門性を磨く	①共感・共有・シナジーを生むような組織体制 ②専門性の蓄積
①具体的数字が明確でない ②黒字化するための業務フロー標準化がない	①各メンバーの専門性の再確認 ②ルーチンワークの工数削減	個々のスキルを再確認させ、ルーチンワークの工数削減を具体的な数値で共有化していく
①具体的数字が明確でない ②黒字化するための業務フロー標準化がない	①各メンバーの専門性の再確認 ②ルーチンワークの工数削減	個々のスキルを再確認させ、ルーチンワークの工数削減を具体的な数値で共有化していく
①報告ではなく、連絡で終わっている ②自ら考えさせるのではなく、先輩がやってしまっている	①週間スケジュールを各メンバーが作成する	報告を徹底させ、自らの改善案を出させる
①最終決定をすべて自分自身が行っている ②責任意識が薄れている	月1回の共有ミーティング	①どのようなチームになるべきかを具体的に意識させるようにする ②リーダー不在でもPDCAが回るように人を動かす技術をもつ

黄金法則に対する現状と解決の糸口を確認してもらい、これからの目指すべき姿を考えていただいた。読者の皆さまもご自身のチームの現状、解決方法、6カ月後のイメージを考えてください。

チームの業績をつくる黄金法則分析

チェック項目判定基準　○：できている
△：できてはいないが以前よりはよくなっている
×：できておらず、改善の兆しなし

	チェック項目	チェック欄	
部門方針	①会社の今年度方針と目標を理解しているか	△	
	②四半期毎に自部門の業績を決めるポイントを検討しているか	×	
	③自部門の四半期毎方針をメンバーに理解させ、浸透させているか	×	
	④リーダー・サブリーダーとして、メンバーに対して、目標の重要度、優先順位を明確にしているか	△	
	⑤自部門の四半期毎方針を実現するために、メンバー毎に何を重点とさせるかを考えさせ決めているか	△	
商材戦略	①現時点でのできる数字・状態を把握し、常に目標との差額を押さえているか	×	
	②差額の対策・商材を実現性・即効性・具体性をもって準備しているか	×	
	③差額対策や具体的な商材の展開方法をメンバーに理解させ、各自のやるべきことを考えさせているか	×	
	④差額対策や商材の行動は【できる数字対策・できる状態への対応行動】より先に行動予定に組まれているか	×	
	⑤現時点での業績を把握し、見通しとやるべきことの変更がないかを確認しているか	△	
戦術	①業績づくりと部門方針展開について、今月にやるべきことを明確にしているか	△	
	②やるべきことを誰が・何を・いつまでに・どのような方法でやるのか、また、その達成基準を決めているか	△	
	③やるべきことのやり方がわからない・一人ではできないメンバーに対し、方法を教えてできるレベルにしているか	△	
	④誰もができるように仕事の標準化と教育を行っているか	×	
	⑤マネジメントタイムを設け、決定事項のチェックとコントロールができるようにしているか	×	
戦闘	①やるべきことがメンバーの行動予定に入っているかを確認しているか	○	
	②チームとしてやるべきことをメンバーに共有させているか	△	
	③確認事項等が発生したら、随時に頻繁にミーティングを行い、対策を立てているか	△	
	④決定事項の進度チェックを毎日実践しているか	△	
	⑤基本動作の乱れ・決定事項の未消化時にメンバーを叱っているか	△	
環境整備	①常に、部門長の価値観を伝える場を設け、伝えているか	△	
	②メンバーのわかっているふり、つもりの状態を見抜き、再三メンバーに対し、わからせる工夫をしているか	△	
	③基本的事項【当たり前のことやルールや基本動作】に労力・時間がとられないように、習慣化させているか	×	
	④メンバーの部門長に対する依存心をなくさせる仕掛けはしているか	×	
	⑤環境整備の各テーマの推進はメンバー全員に役割を与え、責任意識をもたせ、リーダーシップを発揮させているか	△	

に基づいて、自チームを分析してもらった内容です。トータル20項目の中で○は一つだけです。

次ページの図表ではチームの変化分析で記していますが、自チームの病気名は「解離性障害」としています。その理由は、グループとしての方向性を見失い、メンバー個人のスキルはあるのに発揮できていないとしています。

■目標を共有化できるチームに成長した取組内容

このような状態を改善するために、時間をかけてマネジメントの仕組みや運用方法を決めることでチーム内が円滑に動き出している様子がうかがえます。

最後にこのチームリーダーは、6カ月の研修感想を次のように述べています。「今までは目先の業務に追われ、その場限りの業務方式で業務を進めていた。この研修を通して、部門方針・商材戦略・戦術・戦闘・環境整備を立て、メンバーへ共有、検討させることが少しずつ根付き始めたと思います」。

チームの変化を分析する

自チームの処方箋

各テーマ	スタート時	6カ月後
①自チームの病気名は	**解離性障害** グループとしての方向性、自らのスキルの価値を見失う。個のスキルはあるのに発揮できていない	**失敗恐れ症候群** グループとしての方向性は明確になり、スキル向上を目指す取り組みは多くなっている。しかし、積極性には欠けている
②その病状にかかっている根本的要因は	・単なる作業という意識が強くなってしまい、自分たちのスキルの価値を見失っている ・リーダー育成ができておらず、リーダー不在の場合、業務がストップしてしまう ・個々に対して明確な目標を提示できていない	・PDCAサイクルは回せるメンバーが増えてきたが、やはりCheckとActionが弱く、振り返りをすることができていない
③自チームの病巣である根本的要因を解決する方向性は	・組織としてどのようなチームになりたいか？　具体的に意識すること ・人を動かす技術を身につける	・小規模内でのリーダーを務めるメンバーを増やす必要がある
④私が考える理想のチーム像は	・個の集まりではなく、共感・共有・シナジー効果を出せる ・主体性があり、日々の業務に対するストロークができる	・リーダーが不在でも、主体的なメンバーが一人でも多く存在する

黄金法則に基づく自チームの変化分析

自チームの6カ月を振り返り		
黄金法則項目	スタート時の状況	6カ月経過した現在の状況《大きく変化した点》
①部門方針	方向性が明確ではなく、どのようなグループにしていくのかが定かではなかった	グループ内の年間計画/目標を立てることができた
②商材戦略	問題点をピックアップするもののどのように動いてよいのかもわからない	課題プロジェクトのピックアップとどの工程で問題になっているかを明確にすることができた
③戦術	どのような状況に置かれているか、またその対策についても明確ではない	月1回の共有ミーティングを開催し、問題点および対策を練ることができた
④戦闘	戦う態勢ができていない	メンバー間での検討が多くなった。課題点を抽出する仕組みができた

変化の要因分析と今後の取り組み	
なぜ、良くなったか？・変化しないのか？	あなたが今後、自チームで取り組む具体策は？
方向性をしっかりと提示できたこと。経営・責任者会議の共有ができたこと	PDCAをしっかり回す。1カ月単位で振り返りを行い、随時、見直していく
問題抽出をし、メンバーで共有できたこと	新規案件にどのように活かせるか精査が必要
マネジメントタイムを設けることができた	既存事業から新規事業につなげる「ネタ」探し
方向性を明確に示せたこと。メンバーを参加させるミーティングを多くした	外部環境を分析する機会を今以上に増やす

ルール
17
【事例】成長したマネジャーの共通点

■成長を促す要因、マンネリに引き込む要因

これは、プレイングマネジャーの仕事術ゼミナールがスタートした時点と6カ月後の研修終了時に研修生が自分自身を客観的に見た自己分析です。

自分で成長したと感じる点を「自分が意識して成長させたもの」と「無意識のうちに成長できたもの」で考え、成長を促した要因を探ります。そして、**自分でマンネリであると感じる点**を「自覚症状があるもの」と「ないもの」に分け、マンネリに陥った要因を考えます。

自分自身を成長させるポイントやマンネリに陥る原因を導き出します。

134・135ページに2人の事例を紹介していますが、共通点があります。太文

字をご覧ください。自分自身の成長を促した要素として、◎メンバーに任せること（A）、◎新しいものへの取り組み（B）、◎メンバーの成長（C）、◎上長の対応（D）、◎ニュースをすべて自分の業務と紐づけて考えるようになった（E）を挙げています。

■社会変化を意識することは大きい

この研修では社会変化を意識してもらうために、毎回日経新聞レポートをまとめてもらい、発表していただいています。

経済の記事で興味があるテーマを一つ選び、①概要、②自社への影響、③対策を考えます。このAからEの要素はプレイングマネジャーとして自分が成長できた要素として多くの方が認識しています。半面、自分が成長しないマンネリ傾向の要素として課題意識の欠如（F）の内容を挙げています。

ご覧の皆さんも自分自身の成長パターンやマンネリパターンで共通することが多いと思います。参考にしてください。

成長したAさんの
インタビュー

成長したマネジャーAさんの自己分析

	1. 自分で成長したと感じる点		2. 自分でマンネリであると感じる点	
	①自分が意識して成長させたもの	②無意識のうちに成長できたもの	①この点の成長が止まっていると自覚症状があるもの	②自覚はないが、考えてみればこの点の成長がないなと思うもの
プレイヤー業務	・売上目標達成のための受注フローや意識 ・利益意識 ・効率化		・売上向上のための施策	
マネジャー業務	・全社最適 ・利益意識 ・採用 **・トップダウン以外の方法でのメンバーへの落とし込み（A）**	・ログを残すようになった	・インプット ・理想に向けた実行力と実現力 ・メンバーとのコミュニケーション	
業務知識・技術	・エクセル ・オペレーションツール活用 ・3D、動画などの新ツール活用 ・伝わる資料作成方法 ・デッサン力	**・新しいものへの関心力（B）**	・インプット ・illusutrator	
その他	・営業との関わり方 ・業務改善		・他部署を巻き込んでの企画・改善	

	3. 成長を促した要因	4. マンネリに陥った要因
職場環境	**・素直で真面目で優秀なメンバー（C）** **・改善や改革に前向きで評価してくれる上司（D）** ・改善の余地のある労働環境	・営業との関わり
自己啓発・努力	・風通しの良さ	・上司との接点
日常生活	・他業種の友人や家族とのコミュニケーションやインプット **・ニュースをすべて自分の業務と紐づけて考えるようになった（E）**	・他業種の友人や家族とのコミュニケーションやインプット ・ニュース
その他		

	5. 自分の成長を促す要因	6. 自分をマンネリに引き込む要因
成長のヒント	・チャレンジできる、かつ成果を認めてもらえる環境 **・一緒に取り組んでくれるメンバー（C）**	**・目標と成果や意味が見えづらい（F）** ・理解者がいないこと

マネジメント方法をメンバーに強く落とし込むことでチームがレベルアップしている状況がうかがえる。

成長したBさんの
インタビュー

成長したマネジャーBさんの自己分析

	1. 自分で成長したと感じる点		2. 自分でマンネリであると感じる点	
	①自分が意識して成長させたもの	②無意識のうちに成長できたもの	①この点の成長が止まっていると自覚症状があるもの	②自覚はないが、考えてみればこの点の成長がないなと思うもの
プレイヤー業務	・すべての業務を共有すること **・要所についてもメンバーに任せること（A）**	**・難しい業務でも、簡単に断らなくなった（B）**	・作業スピードの向上	・客先への説明能力
マネジャー業務	・定量的判断で必要な行動を決定すること ・客先との交渉	・言葉選び、誰に対してどのように伝えるか	・マネジメントタイムの捻出	
業務知識・技術	・疲労強度設計の知識 ・熱応力解析の知識 ・陽解法の知識	・業界の知識・分析 ・英語での業務依頼	・エンジニアリングの技術レベル、新たな知識体系の習得 ・英単語、英会話能力	
その他				

	3. 成長を促した要因	4. マンネリに陥った要因
職場環境	・以前より責任がある立場になった ・海外協力先を招き、日常的に業務を行っている ・他部署とのライバル意識、尊敬、協力意識 **・上長からの期待・課題（D）** **・同期・後輩の頑張り・成長（C）**	・言葉選び、誰に対してどのように伝えるか ・コミュニケーションを大切にした仕事の進め方 ・難しい業務や課題に対する前向きな取り組み
自己啓発・努力	**・新聞などを通して業界やその周辺の環境について、追走してモニタリングし、自分への影響について意識するようになった（E）**	・業界の動きなどの情報や業界分析・理解力
日常生活	・本や映画を選ぶ範囲が広がった ・アイデアについてメモを取るようになった	・世界的な動きや歴史や経緯について考えるようになった ・物事の結びつきに気がつくようになった
その他	・スポーツ番組を見るようになった	・共感する能力が高くなった

	5. 自分の成長を促す要因	6. 自分をマンネリに引き込む要因
成長のヒント	**・チームや組織の期待や頑張り（C）** ・新しい情報や価値観の導入・記録	・時間不足 **・課題意識の欠如（F）**

プレイヤー業務をメンバーに任せることで、ワンランク上の業務対応が可能になっている状況が見える。

コラム 3

21世紀型チームリーダーの心得

自分のキャリアとビジョンをプロデュースする

「いったい自分には、何ができるのか？」

この問いの答えは、自分自身の体験と経験から振り返るしかない。ビジネス・スキルの基本構造をハーバード大学のロバート・カッツ教授が３つのスキル（テクニカル・ヒューマン・コンセプチュアル）に体系化している。

●**テクニカルスキル**…一般的な教育や実務的知識、専門知識

●**ヒューマンスキル**…部下指導などの対人関係を処理できる能力

●**コンセプチュアルスキル**…目標・方針の認識・戦略的思考・創造力・問題発見等の物事を総合的に判断し概念化できる能力

ビジネス・スキルの中でも、難易度の上がった仕事への対応能力として、非定型的な能力であるコンセプチュアル・スキルが必要とされている。

その視点とは、「戦略的思考力」「情報感度」「発信力」「状況把握力」「将来予想力」「構想力」「具現化力」「発想力」「解決力」「判断・意思決定力」等である。中小企業において、このコンセプチュアルスキルはリーマンショックまでは、経営者・役員だけのテーマであった。しかし、その後の本格的21世紀社会（複雑系社会。正解のない社会）の到来で変化し、現在ではミドル社員（年齢30～40歳前後）にも、この能力が求められている。

著者は真摯に自分のことを考え、取り組む人が優秀だと確信する。現代は、自分の「もっている能力」「使いたい能力」「もっているリソース」をベースに、職務や役割の棚卸しを行い、自分自身のキャリアとキャリアビジョンをプロデュースする時代に入っていると感じている。

成長とは「当たり前のレベル」を変える・上げることである。

第5章

業績をつくる黄金法則のルール

【事例編】②

本章ではシェアド・マネジメントを実際に取り組んでいる2社を紹介する。個別のアクションをどうつなげていくか。体制づくりからPDCAの回し方まで、中核部分を解説・紹介する。

ルール
18 シェアド・マネジメント体制を実践する

■会社は何もしなければ潰れるようにできている

なぜ、中小企業の組織はバラバラなのか？　会社は何もしなければ潰れるようにできています。中小企業に共通する組織運営の問題点は、組織を統一させる仕組みやルールと基準ができていないことです。

組織運営とは、「チームの目的・目標達成に向け、リーダーがメンバーの力を活用して業績を上げる」こと。一つの共通目的・目標に向かって人の能力を結集するところに運営のポイントがあります。だから組織には、人が動きやすくなるために共通の価値観が必要になり、それが乏しい集団は烏合の衆に陥りやすいのです。

そのため、リーダーは組織に必要な共通の価値観を常に訴え続け、組織・メンバーに共通の価値観を意識させることが必要となります。組織に共通の価値観がなかったり、枯渇してくるとその組織はただの人の集まりになり、衰退していきます。組織運営には、仕組みやシステムをつくることだけではなく、**チームをサビ付かせないように、常に共通の価値観を注入していくことが重要となります。**

■チームの共通の目標を常に意識させる

しかし、リーダーがメンバーの力を出し切れずにいたり、メンバーがリーダーの力を活用せずにいたり、そもそもチームに目的・目標がなかったりするチームもあります。

チームの共通の目標、わかりやすくいえば今月の目標をチーム全員が知っていますか？

メンバーがチーム目標を忘れたり、そもそも知らないチームがあります。これでは組織としての戦いはできません。目標を知らせて、理解させ、意識させることはチームリーダーとしての基本動作となります。
ルールと基準とは「青信号なら渡る、赤信号なら止まる」ことであり、それを守るから交通社会は成り立ちます。

中小企業を例にすれば、会社を運営するルール・基準が決まっていなかったり、あったとしても一部の人しか知らなかったり、知っていても守らなかったりするからバラバラになります。組織にはルールがあり、それを遵守しようとするから組織としての形が成り立ちます。

■経営者の意思決定からルール・システムづくりがはじまる

本書は、チーム運営が円滑に回るために必要なプレイングマネジャーのスキルや21世紀のスタイルであるシェアド・マネジメント等をご紹介しています。私もよくプレイングマネジャーの勉強会に呼ばれてセミナーを行いますが、そこで受ける質問というか嘆きは、

「いくら現場のマネジャーが努力をしようとしても、会社の仕組みがないために業績

をつくる黄金法則はできませんので、経営者に勉強をさせてください」

確かにこの意見はもっともな意見です。私は約30年間の中小企業専門経営コンサルタントの経験から業績をつくる黄金法則を考えだしました。私の経営に対する考え方の第一義は、経営は継続して栄えることです。

物づくりに技術があるように経営にも技術があります。外部環境の影響をもろに受ける中小企業は経営の技術を構築しなければ「社長のやる気＝頑張リズムだけ」では続かない。つまり、思い付きの経営から脱皮し、利益を叩き出していくためのルールと基準そしてシステムをつくることが経営の技術です。

■経営の技術で「当たり前のことを当たり前にする」

経営基盤をつくるとは中小企業の弱点である「やり方がバラバラ」「ノウハウが会社にない属人化」「特定の人に依存するマンパワー化」「決めたことが継続しない」等を解決していくことです。つまり、多くの社員にとって、当たり前のことができやすい環境をつくります。

私は企業の基盤をつくることを「経営の技術」と呼んでいます。

経営の技術とは利益を叩き出していくルールと基準そしてシステムをつくることです。このルールと基準そしてシステムの一つが業績をつくる黄金法則です。これには経営者の意思決定が不可欠になります。

■決定事項を「見える化」して決め事を守る風土をつくる

これから進むべき方向性や業績対策をまとめたチーム羅針盤とそれを現場で実践する決定事項を社内で「見える化」して、機能として社内に定着させることが可能になります。決め事を守る風土づくりは必ず、会社に業績をもたらします。弊社は長年の中小企業専門の経営コンサルティング活動の中から実験済みのシステムを中小企業の各社に提供しています。

これからご紹介するシェアド・マネジメント体制を実践する企業にも、この「決め事を守らせるシステム」は利用されていますので、ご参考にしてください。

決め事を守らせる
システム
（ヤルゾーシステム）

「決め事を守らせるシステム」

全体

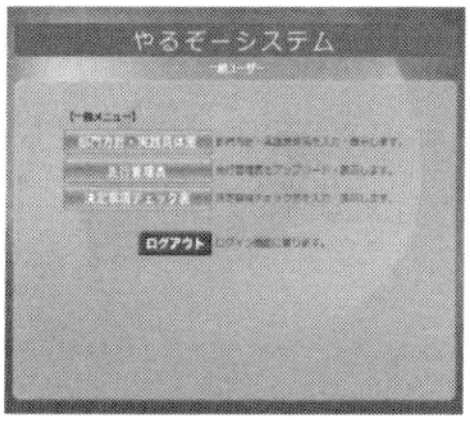

部門方針

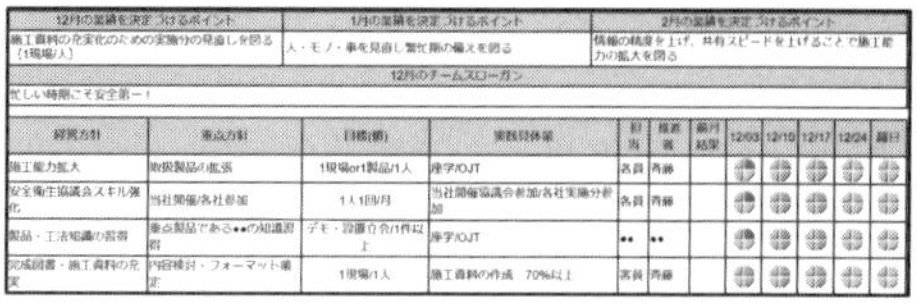

12月の業績を決定づけるポイント	1月の業績を決定づけるポイント	2月の業績を決定づけるポイント
施工資料の充実化のための実施分の見直しを図る（1現場/人）	人・モノ・事を見直し繁忙期の備えを図る	情報の精度を上げ、共有スピードを上げることで施工能力の拡大を図る

12月のチームスローガン
忙しい時期こそ安全第一！

経営方針	重点方針	目標(値)	実践具体策	担当	推進者	前月結果	12/03	12/10	12/17	12/24	締日
施工能力拡大	取扱製品の拡張	1現場or1製品/1人	座学/OJT	各員	斉藤						
安全衛生協議会スキル強化	当社開催/各社参加	1人1回/月	当社開催協議会参加/各社実施分参加	各員	斉藤						
製品・工法知識の習得	重点製品である●●の知識習得	デモ・設置立会/1件以上	座学/OJT	●●	●●						
完成図書・施工資料の充実	内容検討・フォーマット策定	1現場/1人	施工資料の作成　70%以上	各員	斉藤						

決定事項管理表

[2018年12月度　決定事項チェック表]　>>当月終了分表示<<

重要度 決定日	項目	担当 期限	内容	前月結果	12/03	12/10	12/17	12/24	締日
B 2018-12-01	お歳暮の手配	●● 2018-12-28	確認した送付先に、お歳暮の配送手配をする。基本的にはインターネットで。難しい場合は三越へ手配をしに行く						
A 2018-12-01	勤怠システムの運用開始	●● 2018-12-26	勤怠システムの申請方法を周知する。承認方法を周知する						
A 2018-12-02	10月末の買掛金の〆	●● 2018-12-28	10月末の売掛金を〆。売掛金が残っていた場合は、税理士の先生に資料を送ると同時に報告する						

決定事項の期限までの猶予期間を表す自動色表示システム（赤字は期限超、黄色は期限 1 週間前を表示）

毎週決定事項の進捗を行うシステム

このような仕組みを利用することで社内の PDCA サイクルが容易に可能になる。会議・ミーティングでの決定事項を毎週定期的にチェック＆コントロールすることで、決めたことを決めた通りに実践させることができる。

とくに複数の営業所・店舗展開をしている企業や複数事業を図っている企業では、それぞれの現場の決定事項進捗状況をすぐに確認できる。

ルール
19

事例1
3拠点バラバラ運営で年商30億を突破できない建築資材販売業A社

■やりっ放し体質が強く、標準化やさまざまな融合化が必要

創業70年弱の歴史をもつ事例企業は、建築資材販売等に邁進し、3拠点体制、社員数70名弱・年商25億体制の規模に成長しています。社員数が50名を超えて、複数事業会社・複数事業部・複数拠点スタイルで運営していく会社には共通の問題が発生しやすくなっていきます。

それは、多面的展開経営でやりっ放し体質をもっており、ややもすると膨張成長気味になっていることです。核になる人財候補はいるものの、人を動かす方策のパターンがなく、バラバラ状態となりやすい。

この事例企業は3拠点体制ですが、拠点運営の方法が少しバラバラ傾向になっていました。組織運営における営業拠点運営の基本は、各支店長の経験や性格に左右されてはいけません。各支店長の経験や性格に左右されると、同じ社名を名乗っているものの、別法人の色合いが強くなります。

年商30億を突破するためには、この標準化やさまざまな融合化がポイントになります。

■組織運営体制づくりと組織を動かす人のレベルアップ対策

組織運営の重要な目的は、現場の仕事をやりやすくして、生産性を上げさせる環境づくりです。この規模の企業でよく起こる問題点が仕事の標準化です。

なぜ、Aさんが10年かけてできるようになったノウハウを共有化しないのか？　Aさんと自分は違うので、自分は自分なりのやり方でやる……。これでは、会社にはなりません。人の成長スピードは、会社の成長スピードよりも確実に遅いから、それが歪みとなって会社内に問題を発生させます。

この歪みが現場では、「マネジメントができない」「人が動かない」「一人当たりの生産性が減少」等の問題として表面化します。

会社全体を考えると、1．必要機能の確立、2．組織を動かす人材のレベルアップ、3．本格的組織運営方法へのギアチェンジが求められる転換期です。

経営幹部が「歩くルールブック」から脱皮し、会社の仕組みづくり（ルールと基準の整備とシステム化）に全社員参画型で取りかかる環境づくりが必要となります。

「規模を動かす人のレベルアップ」とは、基盤や組織運営の形を推進させる能力のレベルアップのこと。実例企業A社の幹部の皆さんは、現場の仕事をする能力は高い。しかし、企業規模の拡大や仕事の範囲・内容の変化にともない、組織を動かして、業績を上げる仕事のやり方にシフトすることが求められています。

そのために事例企業A社が取り組んでいるテーマを4点、ご紹介します。

事例企業A社① OJT型の業績検討会議

<table>
<tr><th colspan="4">【内 容】</th><th>【担当者】</th></tr>
<tr><td colspan="4">①販促キャンペーン 説明</td><td>●●課</td></tr>
<tr><td colspan="4">② 10月GAP対策 振り返り（4拠点×10分）</td><td>各自発表</td></tr>
<tr><td colspan="4">③当月数値のGAP対策と翌月数値先行管理作業の説明
④ 11月・12月 GAP対策
上記項目の作業《各店3班、2～3名/班》
＊ 原則、店全体の見込みで予算比100%にどう着地するかの視点で‼
＋αの作業として・「決め事を守らせるシステム」入力（進捗項目更新）</td><td>●●
各自作業</td></tr>
<tr><td></td><td>［●●支店］</td><td>［●●支店］</td><td>［●●支店］</td><td rowspan="4"></td></tr>
<tr><td>A班</td><td>★●●・○○</td><td>★●●・○○</td><td>★●●・○○</td></tr>
<tr><td>B班</td><td>☆●●・○○</td><td>☆●●・○○</td><td>☆●●・○○</td></tr>
<tr><td>C班</td><td>☆●●・○○</td><td>☆●●・○○</td><td>☆●●・○○</td></tr>
<tr><td colspan="4">⑤昼休み</td><td></td></tr>
<tr><td colspan="4">⑥[営業] 午前作業の続き「決め事を守らせるシステム」入力（進捗項目更新）</td><td>各自作業</td></tr>
<tr><td colspan="4">⑦ GAP対策・先行管理のとりまとめ発表（9班+4店長 *5分）</td><td>★☆印班長・店長</td></tr>
<tr><td colspan="4">⑧幹部MTGからの報告及び共有事項発信</td><td>●●</td></tr>
<tr><td colspan="4">⑨得意先概要と対応一覧の整備について</td><td>●●</td></tr>
<tr><td colspan="4">⑩本日のまとめ</td><td>●●</td></tr>
</table>

事例企業A社の業績検討会議は、毎月第3土曜日に実施。全社的に共有する情報の伝達から始まり、各部門の業績検討（経営幹部・営業・業務）をセクションごとに行っている。そして、当月に実施する決定事項を「決め事を守るシステム」（やるぞーシステム）に登録して、PDCAサイクルを回す環境をつくっている。

テーマ① ＯＪＴ型の業績検討会議で情報共有化・ノウハウ標準化を図る

事例企業A社の会議体系の核は①幹部会議、②営業会議、③全体朝礼、④営業朝礼、⑤業務朝礼です。このなかで業績検討を行っている会議は②営業会議ですが、正しい業績検討をしている様子はありませんでした。

ここでの業績検討とは、支店毎に売上・粗利益高が3カ月先行で検討され、かつ全社合計数値として把握されていることを意味します。年度期首において、各支店をベースに売上目標は立案されるものの、その後の対策は**結果報告のみになっており、「業績をつくるのではなく、締めた結果が業績」のスタイルになっていました**。また、業績を上げている優秀な営業マンもそれなりにいますが、残念ながらそのノウハウや経験の共有がなく、経験が浅い営業マンが育ちにくい環境になっていました。

そこで月一回、土曜日に基本、全社員で業績検討会議を行い、そこで正しい業績の検討やノウハウの共有化を図るＯＪＴ型の業績検討会議を実施しています（１４７ページ）。

事例企業A社②　業績先行ギャップ対策

当月対策（12 月対策）GAP 対策・先行管理シート

得意先名	数値項目								⑨追加対策
	①売上目標	②月初見込	③月初 GAP	④前半実績	⑤前半 GAP	⑥後半見込	⑦当月見込	⑧着地 GAP	
㈱○○○○	1,100,000	600,000	**-500,000**	300,000	**-800,000**	600,000	900,000	**-200,000**	●●系の仕事の受注
○○○○㈱（本店口座）	100,000	0	**-100,000**	150,000	50,000	0	150,000	50,000	先の現場の把握
㈲○○○○	50,000	150,000	100,000	53,994	3,994	50,000	103,994	53,994	実質値上がり後の動きの確認
○○○○㈱	100,000	150,000	50,000	201,422	101,422	150,000	351,422	251,422	●●の排除。2 件の●●の受注
㈱○○○○	150,000	400,000	250,000	0	**-150,000**		0	**-150,000**	●●の●●の受注（2 月～）
㈱○○○○技研	300,000	0	**-300,000**	0	**-300,000**	700,000	700,000	400,000	●●の受注、そのサポート
㈱○○○○	150,000	0	**-150,000**	0	**-150,000**		0	**-150,000**	●●案件の受注に向け活動（2 月から）
㈱○○○○	300,000	400,000	100,000	47,600	**-252,400**		47,600	**-252,400**	
㈱○○○○	5,000,000	3,000,000	**-2,000,000**	2,500,000	**-2,500,000**	3,000,000	5,500,000	500,000	●●失注もその他の受注を
㈱○○○○	0	0	0	0	0		0	0	
	7,250,000	4,700,000	**-2,550,000**	3,253,016	**-3,996,984**	4,500,000	7,753,016	503,016	

各営業マンは、自エリアの重点顧客毎に（①から⑧）数値項目と⑨追加対策を詳細に検討している

該当月の④前半実績、⑤前半 GAP を把握して、全社業績検討会（15 日前後で開催）で⑥後半見込対策を検討し、⑦当月見込を読み込んでいる

追加対策は決定事項として全員に公開・共有して、チェック＆コントロールしていく

＊このスタイルで当月対策、翌月対策を実施している

事例企業A社のギャップ対策は、各営業マンごとに、かつ担当ルートの全顧客ごとに売上・粗利対策を 2 カ月先行で検討。若手営業が多いので、先輩と若手のマンツーマン指導をグループ制にして、対策方法を OJT 方式で教育しながら決めている。また、実施対策を毎週 1 回、各グループでチェックとアクションを行っている。

テーマ② 全営業マンで実践する業績先行ギャップ対策

業績が好調なチームには、共通点があり、今月の目標、現在の状況、今後の対策をチーム全員が理解しており、「今日現在の売上はいくら、月末までにいくら」と即答できます。

それにくわえて、「今の状態ならば来月は」とも答えられます。これは、常に時間軸を意識して、業績を考えているからです。業績を上げているセールスマンは当月の30日間に①当月、②翌月、③翌々月、と先のことに対し、手を打っており、時間を先取りする習慣を身につけています。この実例企業A社も業績を上げている営業マンはおり、**重点顧客毎に対策を考え、実践しています**。

そこで、実例企業A社は、重点顧客対策をベースに当月・翌月対策を検討する先行管理GAP対策を導入しました。先行管理と行動管理は違います。3カ月先行管理の場合は、①当月の業績対策、②翌月の仕込み対策、③翌々月の仕掛け対策を具体的に検討し、対策を決めます。

行動管理として当月（1カ月間）に行動する内容は、①当月の業績対策、②翌月の仕込み対策、③翌々月の仕掛け対策であり、1カ月で3カ月分の業績づくりで動くことになり、当然質的に向上し、業績目標は達成しやすくなります。この考え方で業績づくりを会社全体で実施することが時間を先取りする技術であり、その方法が先行管理です。

詳細は「事例企業A社② 業績先行ギャップ対策」（149ページ）で確認してください。

テーマ③ チーム全員で動かす決定事項遵守ノウハウ

中小企業の戦略展開のポイントは、戦術・戦闘を機能させるため、戦略の効果が発揮されることにあります。つまり、優れた戦略だけで戦略の効果を発揮させるのは難しく、戦術・戦闘の基盤がどうしても必要となります。

この戦術・戦闘とは、わかりやすく説明するとPDCAサイクルを回すことです。P＝目標、D＝実践、C＝チェック、A＝軌道修正、の4つの機能を動かします。

中小企業の社長は口うるさく、決め事をやらせるためにしつこく言い続けることが大切です。

しかし、会社の規模が大きくなり始めると「決め事分野の社長の躾」にも限界がやってきます。なぜなら、目が届かなくなるからです。だから組織運営としてチーム全員でその機能を果たさないと、決め事を守らない風土ができ上がります。やるべきことをパターン化する決定事項遵守システムは組織に牽制機能を発揮させるため、効果抜群です。

この事例企業A社は①部門毎の経営計画書、②業績先行ギャップ対策を中心に全14部門の決定事項を毎月作成し、その進捗状況を毎週確認しています。やるべきことをキメ細かくチェックして、決定事項を推進するためには、常にやるべきことやその進捗状況がチーム全員の目に映る、見える管理の状態をせざる得ない環境をつくり上げます。

詳細は次ページの事例企業A社のＰＤＣＡを回す決定事項遵守ノウハウで確認してください。決め事を守るシステムは経営の実践度をアップさせる方法です。ぜひ、チャレンジしてみてはいかがですか？

事例企業A社③　PDCAを回す決定事項遵守ノウハウ

[2018年12月度　決定事項チェック表]更新しました。　>>当月終了分表示<<

	重要度 決定日	項目	担当 期限	内容	前月結果	12/03	12/10	12/17	12/24	締日
登	 12 21		 12 21							
更 削	A 12 21	【週次MTG】 既存顧客深耕	●● 12 29	週火曜日に数値拾い出し、木曜日に進捗を発表。結果を評価する						
更 削	A 12 02	【週次MTG】 新規顧客獲得	●● 12 21	口座開設数の確認	予定通り					
更 削	A 12 02	注力客 【●●●●】	●● 12 21	新規担当者攻略(●●さん以外) 600万を目指す(前年550万)	500万は確定					
更 削	B 12 04	GAP対策【●●●●】	●● 12 16	月末材料受注押し込み売上20万円	10万はOK					
更 削	A 12 04	注力客 【●●●●】 現状の販売品種からさらに多品種への販売へ拡大	●● 12 21	●・●・●の3現場で現状販売品種以外を提案。こちらが対応できる商品、施工の情報を提供。金額すり合わせ。	現在、価格のすり合わせ中					
更 削	A 12 21	【週次MTG】 カーテン勉強会第二段の開催	●● 12 26	●●にてシェード等を中心として日程の決定まで（勉強会の内容の変更の可能性あり）	来年1月11日に決定					
更 削	A 12 03	注力店【●●●●】	●● 12 28	●●・●●が積極的に営業来ている中、地元の利を活かした営業をする 前年￥280万→￥350万	300万は確定					

プレイングマネジメント体制で決め事を守らせるには決め事の公開と進捗状況の共有が絶対条件。これを実現させるのが「決め事を守らせるシステム」。

事例企業A社④　中堅社員PDCA勉強会

基本テーマ	現場で実践する経営計画書・部門方針・業績対策の理解
1回	①業績をつくる黄金法則の理解
	②チームの羅針盤である部門方針の理解
2回	①目標を達成させる先行管理の方法
	②決まった事を決まった通りに守らせる方法の理解
3回	①基本動作を正しく理解する
基本テーマ	人・チームを動かす基本動作の理解
4回	① PDCAにおける目標の考え方
5回	①人・チームを動かす指示・命令
6回	①人・チームを動かす報告・連絡を理解する
7回	①正しい行動の仕方を理解する

中堅社員の皆さんにJOBリーダーを担当してもらう際は必要な知識・技術を理解してもらうことが必要。

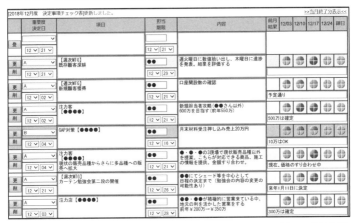

テーマ④　中堅社員によるPDCAを回す仕組み

事例企業で実践している中堅社員の基礎力アッププログラムを実施しています。基本テーマは「中堅社員が現場にて経営計画書・部門方針を浸透・理解・実践させるCAローテーション」の構築です。

CAローテーションのCAとは、仕事をする基本であるPDCAサイクルのC＝チェック、A＝アクションです。

中小企業でPDCAが回らない最大の要因はCとAが機能しないことです。プレイングマネジャー自身が決定事項遵守を推進するから、決定事項が守れなくなります。シェアド・マネジメントはチーム全員でチームを動かすことでPDCAサイクルを回すことができるようになります。

中小企業のチームでは、PDCAのPはリーダーが考え、重要なDもリーダーが担当、そしてCもリーダー、Aは当然リーダーになると**「一人PDCA状態」になるケ**

ースがあります。これでは、ＰＤＣＡは回りません。だから中堅社員をシェアド・マネジメントに巻き込む必要性があります。

中堅社員のシェアド・マネジメントスタイルは、チームの戦術・戦闘の機能補完です。目標の共有化や決定事項のチェックと牽制や規律重視の働きと守れない時のメンバー間での指摘です。

これが、中堅社員の役割となります。事例企業Ａ社では、各現場でＰＤＣＡを推進してもらうＪＯＢリーダーとして必要な知識・技術を習得する中堅社員ＰＤＣＡ勉強会を実施しています。

詳細は「事例企業Ａ社④　中堅社員ＰＤＣＡ勉強会」（153ページ）で確認してください。

ルール
20

事例2

「社長こけたら皆こける」。日本伝統商品の製造販売業B社

■急成長企業がかかりやすい、創業10年のリスク

２００８年創業の事例企業は、日本伝統商品を中心に製造販売に邁進し、年商５億・従業員27名体制の規模に成長しています。

過去３期の売上伸長率をみると、１２３％、１１８％と急成長状態。現状のこの企業の姿を一言で表現すると、「社長こけたら皆こける急拡大に追いつけない可能性を秘めた集団」といえます。

売上が拡大すればするほど会社の危険は、増大します。成長企業によく見られる傾向ですが、会社の規模成長スピードに人・システムの内部的環境が対応できないため

に起こる現象です。

しかし、創業10年の歴史を考えるとむしろ当然であり、逆によくここまで成長したと感じます。

この事例企業には、商品・人・機能には輝くものがありますが、**残念ながらそれを動かす仕組み・発想・人的レベルが会社の急成長に追い付いていない状態**でした。

■マネジメントシステムで組織運営を全員で行う

事例企業は、社長が「歩くルールブック」から「マネジメント力」で現場を動かす方法にシフトしていく段階です。組織運営とは、「トップが部下を通じて業績を上げる」ことです。組織は人が動かす。人が組織を動かしやすくするためには、やるべきことをパターン化することが早道です。

そこで、全社員で組織運営に切り替えるために、取り組んでいる代表的なテーマを3点ご紹介します。

テーマ① 学卒入社3年目の女子社員が推進する部門計画書の作成と活用

方針と目標を全員に理解・周知してもらい、自部門のやるべきことを自らが考えて実行していくためには、マネジメントシステムで組織運営を図る必要性があります。

この事例企業におけるチーム運営の問題点は**方針・目標が現場で運営されていない点**です。

戦略は将来の進むべき道と姿を映していくものの、その戦う方向性を明確にしないと、進むべき道順や方法は個人勝手主義でバラバラ集団になってしまいます。**経営計画書は、経営の目的・目標そのものではなく、達成していくための手段にしか過ぎませんが、利益を叩き出せる経営状態をつくるには絶対不可欠なもの**です。

161ページの上の図表で紹介しているのは、事例企業B社の全社員参画による部門計画書の作成と活用です。これはこの部門を推進している学卒入社3年目の女子社員の方が作成されたものです。これを基本、3カ月単位で作成・運用して、チームとして、四半期毎に目標に対する重点対策を考えて実践しています。

テーマ② 全社7部門の決定事項を「見える化」させるマネジメント方法

業績を上げるためには部門方針・商材戦略・戦術・戦闘・環境整備の5つのポイントをよく理解し、それをシステム化し、仕事の進め方をパターン化します。そのことで、本来重要な中身の検討・実践に注力できるようになります。

マネジメントシステムの構築の基幹である部門計画や業績の対策を検討することはよくありますが、**成果が出にくい会社の共通点は、具体的な決定事項を作成していないことが多い**ということです。

これらを日常のデイリー業務に落とし込むためには、「誰が、何を、いつまでに、どのような方法で、いくら」の具体策がないと動けません。明日からの動きを具体的に決めるのが、決定事項です。

その検討した決定事項を推進するために、決定事項をチェック・コントロールする機能が必要なのです。

つまり、決め事が「キチンと消化されているかいないか」「消化されていないものはどういうものなのか」「誰がやっていないのか」を確認します。チェック・コントロールの機能がないと、いくら具体的な計画を作って、役割分担しても、1カ月間がノーチェックで経過するから、決定事項が守られないのです。

常にやるべきこと・やっていることが全員の目に見える管理の状態にするから、PDCAサイクルが中小企業の現場に定着します。

次ページの下の図表では、重要度、決定日、項目、期限、内容を決定事項として決めます。そして、右にあるチェックをある基準に基づき毎週行います。この会社は7部門で実施しており、この会社の今現在の決定事項の内容、進捗状況が一目瞭然で全員が把握できます。

決め事を守ることができる会社は、それだけで1ランク上の会社です。なぜなら、決め事を守らせることに労力をさかないで済むからです。決め事やルールに関して、「言ってもやらない集団」「言ったら何とかやる集団」「言われなくてもやる集団」では、どの集団がいちばん業績が良いかは一目瞭然です。

事例企業Ｂ社①　全社員参画による部門計画書の作成と活用

(シーズン名　年内商戦　10月 ～12月）各部方針・実践具体策	部名	●●部	作成日 2018年 11月 9日

（シーズン名　年内商戦　10月 ～ 12月）の業績を決定づけるポイント

【●●の来場者数を増やす（1日●●以上目標）】

全体への依頼事項（あなたのチームから他チームに対して）				スケジュール			
どの部門・担当者に	どのテーマを	いつまでに	どのような方法で（目指すべきイメージ・成果目標）	10月	11月	12月	月
●●部・●●部	●●対応	月2回	●●部より呼びかけ⇒納品完了したものをご連絡いただく				
●●部・●●部・●●管理	ショールーム対応	週1程度	●●部より「展示商品リスト」を提出⇒納品確認・ロジ戻し手配を依頼				

自部門単独テーマ		目標	実践具体策	担当	推進者	スケジュール			
部門として取り組む重点テーマ	重点とする理由					10月	11月	12月	月
顧客対応（電話・メール・カタログ・交換修理）	販売開始後のお客様フォローの充実			●●	●●				
●●対応	前年度●●後対応のお客様へアフターサービス		月2回（1日と20日）●●部と●●部に納品状況を確認。	●●	●●				
ショールーム対応	お客様の購買欲を促す		先行展示／通常展示運営。定期的な展示入れ替えを行う。	●●	●●				
販売分析資料作成	自社、委託先の販売状況の集計		週1回の更新と朝礼での状況報告	●●	●●				
SNS更新、情報発信	●●・●●の認知拡大、顧客満足度の向上		SNS、●●ブログを利用した情報発信、潜在顧客への接触。	●●	●●				

1. １年間を業務の特性上､5 シーズンに分類して対策を考えている。これは年内商戦のシーズンの事例
2. 全体への依頼事項は、自部門から他部門へ依頼する業務の告知、理解と推進方法を明確にするために作成。この内容をリーダーミーティングで発表し、各部門の調整を図っている
3. 自部門単独テーマは自部門で重点的に取り組む内容を示している
4. 上記２と３の内容をベースに毎月ごとの決定事項を作成し、PDCA サイクルを回している

事例企業Ｂ社②　決め事を守らせるシステムの導入・運用

[2018年12月度　決定事項チェック表]更新しました。　>>当月終了分表示<<

	重要度 決定日	項目	担当 期限	内容	前月結果	12/03	12/10	12/17	12/24	降日
登	12 21		12 21							
更 削	A 12 02	顧客に向けたアンケートの検討	●● 12 29	アンケートの質問項目の検討、販売課とすり合わせ	予定通りの進捗					
更 削	A 12 05	新作セット明細仮組み（●●）	●● 12 15	全体像のスケッチと併せて予算からセット内容の検討とセット明細の下書きを準備する。	急ピッチで仕上げます					
更 削	A 12 05	【新作試作　●●商店】 図案作成、試作依頼	●● 12 28	●●（●●・●●）1セット 年内に紙面の試作を1つ上げる。	何とか間に合いそうです					

事例Ｂ社は急成長し、会社を動かす機能も増加することで会社全体の動きが見えにくくなった。そこで、全７部門で取り組んでいる実践策を全社で公開・共有化する「見える化」で対応している。

テーマ③ 全員でつくりあげている年間月別経営運営カレンダーづくり

環境整備は、働きやすい職場をつくる基本動作やルールを守る体質づくり、学習能力の高いチームをつくります。環境整備がないチームの特徴は現場を動かすポイントを知らないことです。

経営カレンダーは、1年12カ月毎の戦い方を示しています。

この戦い方を知っている会社は強いのです。

「稼ぐ月」「こなす月」「粘る月」「準備する月」「モチベーションを高める月」等の区分けができると会社に「メリハリ」が出ます。この会社は、12カ月の運営ポイントをまとめた会社独自の経営カレンダーを作成しています。

どの会社も毎年同じ時期に同じ仕事を繰り返すルーチンワークが仕事の基本です。次ページの図表では今年行った仕事で来年も行う仕事に対して、「反省」「次回の準備スタート時期」「前回担当」「学習効果を発揮するポイント」としてまとめています。

このように整理しておくと、担当者が変更になっても業務のポイントが記録されて

事例企業B社③　経営カレンダーづくりの作成・運用

●●●運営カレンダー（　2018年　11月）　部署名：●●部　作成者：●●●●

	2018年11月のまとめ				2019年11月のために（来年実施予定ありの実施項目に関して）		
区分	実施項目	実施時期	来年実施予定	反省（うまくいったことや失敗したこと）	準備スタート時期	前回担当	学習効果を発揮するポイント（気を付けること）
	ネット●●●センターへ商品預けの準備〜梱包作業	10月から継続	(あり) なし	・管理資料の修正と改良を随時。 ・できる限り人形と道具は同時に同数預けることで、ロジでの保管がしやすいように工夫	7〜8月	●●	・未納品の催促や検品＆●●●優先度のチェックと各部署への依頼。
	●●●在庫数のチェック	10月から継続	(あり) なし	・預けたつもりの数量と実数の相違がないかチェック。不足や過剰の確認。	7〜8月	●●●	・出荷が始まり在庫数が変動するようになると、実数の確認が難しくなる。出荷開始後はとくに注意して預ける。
	納品状況の確認	10月から継続	(あり) なし	・●●●のセット一式のうち、納品がないものや懸念があるものを適宜生産管理に報告し納期確認。	7〜8月	●●●部	・納品スケジュールを生産管理と共有する。 ・納品がない、もしくは懸念がある商品やメーカーは生産管理に報告し注意してもらう。
	●●●部マニュアルの作成	10月から継続	(あり) なし	・自分が新規に担当した業務のマニュアルを修正・新規作成。 ・わかりやすさと詳しさを大切に作成。画像も頻繁に使用する。	適宜	●●●	・一人しかその業務が分かる人がいない、という状況にならないように、担当でなくても業務が理解できるようにする。

ルーチンワークに時間と労力をかけないで、仕事をこなすことが生産性アップのキーワード。その武器となるのが、経営カレンダー。

いるので、業務レベルが上がります。「上がる」とは時間の短縮化が図られ、ルーチンワーク以外にも対応ができる条件となります。

これからの21世紀の仕事は高いレベルが要求されます。難しい時代だからこそ、シンプルにできる部分は学習能力を身につけ経営効率を高める必要性が生まれています。

この学習能力の差は、企業間業績格差に連動するテーマなのです。

21世紀型チームリーダーの心得

JOBリーダー育成の重要性

中小企業に求められる機能は、単純にピラミッド型組織（営業・製造・総務経理を代表とする機能）だけでは、環境変化（マーケット変化・顧客・ライバル対策）に対してリソース不足になっている。

では、どうするのか？

それは、必要な役割機能ごとにJOBリーダーを設け、フラット型組織への展開を図ることである。

以下に記すのが、著者が現段階で考える、中堅社員にとってのJOBリーダーの役割である。

○経営計画

現場にて経営計画書を浸透・理解・実践させる推進者

○改善推進

現場業務の改善推進者

○決定事項推進

現場のPDCA（決定事項）の推進者

○基本動作の推進者

現場における基本動作の推進者

○教育の推進者

現場における教育（OJT）の推進者

頭にKがつくので、社内に５Ｋを推進するＪＯＢリーダー育成と考えている。このことは、ある意味、その役割を社内に推進・指導していく社内インストラクターを育成することでもある。

第6章

チームを全員で動かすリーダーのルール

メンバーに仕事を押し付ける時代は終わった。いまや基本動作を一歩レベルアップすることが問われている。仕事の質を上げることにつなげていく、今どきのチームリーダーのあり方を紹介する。

ルール

21 基本動作を正しく理解する

■会社のインフラが基本動作

基本動作とはよく聞く言葉ではありますが、しかし、その意味合いをよく理解している会社は少ないのです。**私どもが取り組む仕事の70％は規則性の仕事の繰り返し**といわれています。

この規則性の仕事を円滑に進める会社のインフラが基本動作です。しかも、基本動作は、やる気・実行力・継続力があれば、「誰でも・いつでも・どこでも」業績を上げることができますし、費用は必要ありません。反面、意識の継続がなければ、すぐにやらなくなります。そして基本動作の乱れが引き金となり、業績が下降していきます。

会社は人間動物園です。このバラバラ集団を束ねるのに、必要な一体感の基礎的な環境をつくる要素の一つが基本動作であり、その種類は大別すると、3種類あります。

■「業務上」の基本動作

これはどの会社・店舗でもやらねば仕事にならない基本的な動作です。内容としては、挨拶・身だしなみ・発声・朝礼・終礼・電話・指示命令・報告連絡・会議・クレーム対策・整理・整頓・問題解決等があります。多くの会社でうまくできていないのが、この業務上の基本動作です。

基本動作をできるようにするためには、まず各基本動作の内容・意味をよく理解することが必要です。たとえば、「報告・連絡」といわれますが、「報告」と「連絡」は違います。

「連絡」とは事実を正確に伝えることです。**「報告」とは事実を正確に伝え、その対策まで考えて伝える**ことです。

多くの会社で見受けられる報告は事実を正確に伝えるのみで対策が入りません。対策が入らないのは「メッセンジャー」です。メッセンジャーではなく、「コーディネイター」になるのが報告であり、自ら対策を考えるから経験がノウハウとなり、知恵になるのです。次に**基本動作のやり方を決め、継続・習慣化して「体得」する**ことです。体得とは体がその動作を覚えており、何も考えずにできるレベルです。

朝起きたら、必ず顔を洗う。意識して顔を洗うことはありません。それは生まれてから何万回と繰り返したから、無意識にできるのです。基本動作ができないのは体得していないからであり、体得させるための社内の基本動作パターンができていないからなのです。

■「業界固有」の基本動作

これは業界らしさが表れる基本動作で、同じ挨拶の「いらっしゃいませ」でも新鮮なネタを扱う寿司屋と金銭を取り扱う銀行では違います。

寿司屋は威勢が良い挨拶で、ネタの新鮮さをアピールするし、銀行では1円たりともまちがえてはいけない特性をもつがゆえに丁寧な対応になります。家具屋だったら、机の持ち上げ方を覚えないと仕事になりません。

このように業界固有の基本動作ができないとその仕事を覚えられません。必然的に最低レベルの基本動作は習得していきます。

■「会社・部門固有」の基本動作

これは自社・自部門でしか行わない固有の基本動作であり、この基本動作が多いほど、ノウハウがあることになり、他社と差別化ができます。

事例：上座の営業スタイルを体現する靴修理の「ミスターミニッツ」

スーパーの地下の片隅にある靴の修理屋。靴を修理する時には代わりの靴をもっていないために靴が「もの質《じち》」状態になっている。店員さんは客が修理を依頼している部分以外の修繕箇所を見つけ、「ここもダメだから修理しますね」と知らず知らずのうちに別の修理の注文を取っている。「修理してもよいですか」とは決して尋ねない。これは上座の営業スタイルを体現化している固有の基本動作である。

事例：挨拶ひとつを固有の基本動作にするたこ焼きの「京だこ」

お客様にたこ焼きを手渡しするときに「有難うございました」ではなく、「おいしく召し上がれますように」と挨拶して手渡す。言われると非常にうれしく感じる固有の基本動作である。

このように、会社固有・部門固有の基本動作をもつ会社・部門は勝ちパターンをもっているから強いのであり、人も育てやすいのです。本来の、この基本動作は業歴が10年以上ある会社には必ずあります。しかし、それが会社・部門固有の基本動作として位置づけされておらず、知らず知らずのうちに、できる人しかできないようにしているから標準化が図れないのです。

肝要なことは立派な経営方針があっても、可能性の高い商材を開発・開拓しても、**現場レベルの戦術・戦闘の基本動作ができなければ成果は出ない**ことを理解していただきたいのです。

■共通の言語を会社につくろう！

チーム運営の重要なポイントにリーダーとメンバーのコミュニケーションがあります。そもそも職場におけるコミュニケーションの目的には以下の点があります。

目的1　目標・方針の共有（お互いのベクトルを合わせるために必要）
目的2　チームにおける共通問題の把握と解決への問題意識のすり合わせ
目的3　チームの知識・経験を共有化し、チーム力を高めるノウハウの共有
目的4　メンバーの役割確認
目的5　チームの目標達成度、プロセス確認をする

つまり、チームにおけるコミュニケーションは、共有化した職場の目的・目標を達成するために不可欠な信頼の絆です。基本動作は、個人でやればすぐにできるものばかりですが、チームでやろうとするとうまくできないことが多いのです。

その最大の原因は社内での共通言語の統一化ができていないからです。たとえば、整理整頓という基本動作があります。

上司がメンバーに整理整頓をしようと掛け声をかける。しかし、上司の考える整理整頓とメンバーの考える整理整頓の意味が違えば、当然基本動作として成立しない。わかりやすく説明すると、青信号は渡れると理解する人もいれば、止まると理解する人もいるようでは、交通社会は成立しません。

これと同じで整理整頓の意味を社員一人ひとりが違うように考えれば整理整頓はできません。基本動作に関しては、このような現象が多くの会社で見受けられます。ちなみに、整理とは「要らない物を捨てる」、そして整頓は「仕事がしやすいように配置を整えたりする」となる。人を動かす代表的な基本動作に連絡、報告があります。

社内で「連絡の意味」「報告の意味」を社員の皆さんに確認すると、8割の会社はバラバラの返答になります。いかに曖昧な捉え方で人を動かそうとしていたか。その現実がわかります。

要は、会社内において基本動作の定義づけをすることで、基本動作は推進されやすくなるのです。

コラム 5

21世紀型チームリーダーの心得

外部環境が変化すると基本動作も変化する

価値判断基準の基本動作の代表格として、仕事の優先順位がある。

外部環境が現場に及ぼす影響で最大のものは「仕事の難易度アップ」。このことで、ルーチンワークでのやり方が変化したり、新しい仕事が多くなってきていたりする。

基本動作も20世紀と21世紀では、求められる基本動作の種類やレベルは変化した。20世紀の代表格は「挨拶・朝礼等の体に染み付かせる基本動作」。21世紀の代表格は「価値判断基準・問題解決等の考える基本動作」。

レベルアップ進化系の基本動作として「報告・連絡、指示命令」がある。現場の仕事レベルをアップさせるＯＪＴと連動した報告・連絡、指示命令ができないと現場力が発揮できない時代になっている。

このような状況で上司はメンバーのその仕事に対する「経験値・知識・技術レベル」を把握して、実際に一人でできるかを確認したい。つまり、指示を出した時に、根拠をもってメンバーがその仕事ができるかを確認することが必要になっている。

このように外部環境の変化によりＯＪＴ（現場での教育）も含めた基本動作が変わってきている。

外部環境が変化すると社会が変化し、経済が変化し、産業が変化し、業界が変化し、会社が変化する。そして、そこで働く人・チームも変化するのである。

ルール

22

「指示命令」は人を動かす重要基本動作

指示命令

■指示命令は仕事のスタートキー

指示命令と報告は、人を動かすための、大切な基本動作で、働きやすい職場のキーポイントになります。チームを動かすスタートキーを入れるのはリーダーです。その動作が指示命令であり、それに対応するのがチームメンバーの報告・連絡になります。業務上の命令・指示は、「やりたければやる、やりたくなければやらない」という性質のものではなく、「必ずやらなければならない仕事」となります。

つまり、**命令・指示はお願い事ではありません**。リーダーは、命令や指示を出して部下を動かし、組織を動かし、目標達成に向け、責任を遂行する役割。昨今では、高圧的な命令口調ではなく、軟らかいお願い口調で指示命令をする機会が多いため、メンバーはリーダーの指示命令を誤解するケースが多くなっています。

しかし、どのような口調で言われたとしても、仕事に関してリーダーから「お願い」されたことは「命令」と理解させる必要性があります。

■命令と指示の違いを理解しておく

それでは命令と指示はどのように違うのでしょうか？

命令とは「達成すべき目的を示すこと」であり、**指示とは「やるべき手順を示すこと」**になります。仕事の遂行には、具体的な目的・目標、そしてその手順を示すことが求められ、その役割が上司の命令と指示となります。

たとえば、年度始まりに経営計画発表会を行うケースで考えると、経営者による経営方針や数値目標の提示は、達成すべき目的を社員に示すことになります。そして、やるべき手順を具体的に示すのが各部門・個人の重点施策になります。このような流れが仕事の命令・指示の基本です。

指示命令を出すほうは出したつもりだが、出されたほうは指示を受けた自覚症状がないケースがあります。心当たりのある方は多いのではないでしょうか。**指示命令とは人を動かすことです**。具体的に、「誰が、何を、どのような方法で、目標はいくらで、いつまでにやるか」を伝え、やり方がわからなければ教えます。そして中間報告は、いつしなさい、と指示します。

当然ですが、**メモを取らせ、復唱させ、確認させます**。これは内容を共有化するためであり、指示命令の基本なのです。

■命令・指示しても、なぜ人は動いてくれないのか?

命令とは「目的・目標」を示すこと。指示とは「手順・方法」を示すこと。このポイントになるのが次のステップになります。

1ステップ…内容を理解しているのか?

2ステップ…内容を一人でできるのか?

ケース別　適切な命令・指示の出し方

具体的な作業レベルの命令・指示の場合

5W2H が完全に明確で、誰がその指示命令を受けても同じ結果になる指示命令する

過去に行った経験がある仕事への命令・指示の場合

ある程度の自己裁量が必要な命令・指示で、上司は要点だけを伝えるだけですみ、部下も自己裁量部分にやりがいを感じられる

初めての仕事への命令・指示の場合

部下の力量によって精度・品質・成果にバラツキが生じる。上司は命令・指示の目的を明確に伝えないと、受け取るほうの解釈や能力に影響を与える

自己裁量が大きい仕事の命令・指示

内容やレベルに応じて、実行できる力量がある人にしか依頼できない仕事の命令·指示において、自己裁量分を変えることで社員の成長を促すことができる

仕事は必ず上司の命令・指示からスタートする。部下のレベルと判断力・依存心・経験によって違ってくることに注意する。

この2つが欠落していることが多いようです。伝えたから理解しているだろう、やってくれるだろう。これは「だろう願望」で、その後は放りっぱなし、やりっぱなしの状態。ＯＪＴは日常の場面で行うため、最も効果のある教育方法と言われています。日常の場面の一つに「指示・命令」があり、「手順・方法」を示すときに指示を出す人は確認しなければなりません、

○相手がその方法を理解しているか？
○自分でできるのか？

基本の動作を怠るから、人は動いてくれないのです。決め事を決めても、進まない原因の一つに「やり方がわからない」「やったことがない」があります。つまり、やり方がわからない、やったことがない人にやらせるわけですから、やり方を教えないと、できないのは、当然のことです。

それと同時に、やり方がわからないのに、聞かない担当者も悪い。このようなことは、**仕事の基礎力を上げるだけで、つまらないミスを防げるようになります。**

命令・指示での実務ポイント

口頭による命令・指示で気をつけること

①考え方・方法を理解させる必要性のある場合
②監督がしやすく、比較的簡単な仕事
③簡単な、短時間でできる仕事
④受け取り方がまちがいやすい場合は復唱させる

書面による命令・指示で気をつけること

①仕事内容が正確性を求められる場合、とくに数字に関係がある場合
②客観的なデータが必要なとき
③仕事が各部門・複数人に関係があるとき

命令者実務のポイント

①指示の内容を理解したかどうかを確認するために、内容を復唱させる
②そのためにメモをとらせる
③命令者がその内容を忘れないように、記録しておく
④必ず、中間報告日を設定し、その予定日を自分の行動予定にいれる

命令・指示を受ける際のポイント

①命令・指示の内容を理解し、わからない場合はしっかりと確認
②いつまでにやるべき仕事なのかを確認
③既に別件の仕事がある場合は、相談し優先順位をつけて行う
④単純な命令の場合は口頭で復唱
⑤単純でない場合は必ずメモをとり、内容を確認する

ルール
23
「連絡・報告」はパターン化で促進できる

人、チームを動かすために必要な信頼のコミュニケーションパイプが連絡・報告です。しかし、その意味を理解している会社は少ない。ここではコミュニケーションの基本中の基本である、連絡・報告について説明します。

■人・チームを動かすために必要な信頼のパイプ

報告

連絡・報告は、リーダーの職場管理のツールでも、部下のアリバイ証明のためでもありません。連絡・報告をすることが、共通の目的達成には不可欠なため、必要なのです。メンバーがつかんだ情報をチームとして共有化することで、共通認識をもつことができます。

現場は瞬間で動いているので、ミーティングや会議のみで問題が解決されることは稀です。だから、タイムリーな連絡・報告が必要となるのです。

PDCAサイクルの中で、**P・DはできてもC・Aができない会社が多い**。いくら具体的な計画をつくって役割分担しても、「1カ月間ノーチェックで経過」したら、「月末に締めて出てきた結果が業績である」という発想になります。

「業績が出た」と「業績を叩き出した」とでは根本的に違います。チェックの連絡・報告がスムーズにできていると問題の早期発見・対応につながり、成果が上がります。

そのためには連絡・報告を正しく理解することが大切です。正しい理解が、連絡・報告の上達につながります。

連絡：事実を客観的に伝えること
報告：事実を客観的に伝え、その対策を伝えること

報告をする人は仕事を早く覚えるといわれています。その理由は報告に必要な対策を考えて伝えるので、その考え方が正しいかどうかの価値判断基準を上司に教えても

らえるため、成長スピードが速くなるのです。

■4つの報告を効率的に使いこなす

報告の種類は大きく分けて4つあります。

1　事前報告　行動を起こす前に、計画の主旨・目的、予測される結果を確認
2　中間報告　中間時点の進行状況と終了までの見通しを報告し上司から判断を伺う
3　終了報告　終了した後の報告
4　異常報告　異常事態の報告で迅速な報告と対応が不可欠（クレーム・事故）

この4つの種類のなかでいちばん重要なのは中間報告です。中間報告では、中間時点の進捗状況と終了までの見通しを報告し、上司から判断を伺います。

そのポイントは、「現時点ではこういう状況。だから、次はこういう対策を打っていく」を自分で考え、上司に伝え、チームで共有化することです。中間報告の最大のメリットは、終了報告でいちばん怖いことが起きたことを考えればわかりますが、期

限を過ぎたときに、「できていません、失敗しました」では、取り返しがつきません。つまり、中間報告は、その時点で「今、こうなっています。期限までにはこういう手を打ちます」と**人の動きにコントロール機能を入れることが可能になります**。

この中間報告のノウハウはいろいろな場面で活用されています。たとえば、業績の見通し。これも実は中間報告になります。たとえば「末締めの会社で4月1日から4月30日までの業績について、22日現在でいくら。これを踏まえて、4月30日に最終的にはいくらになります」…。これも中間報告になります。

業績を上げている会社のPDCAには、3つの共通項があります。

- 全員がチームの目標を知っている
- 全員が現時点でのチーム目標に対する現状を押さえている
- 差額、ギャップ、不足対策を全員が自分の立場で考えている

この3点を現場で実践している会社・部門は業績が良いのです。

業績を比較的つくり出せる会社の体質は、こういうことを日常の中で行っています。

報告の基本を身につけよう

報告の仕方

- 経験・経過・対策の順番
- 指示・命令した人にきちんと報告しているか
- 事実を正しく、要点（簡単・明確・具体的）を強調して報告しているか
- 報告を受ける立場に立って報告を励行しているか
- 相手の理解度を確かめながら報告しているか

報告がうまくできないのは、そのやり方をパターン化していないことが原因となる。

連絡・報告をパターン化する

1 「何」を「誰」に報告するのか
2 どのタイミングで報告するのか
3 口頭でよいか、報告書にするか

上記の 3 つのパターンを決めると、リーダーは楽にマネジメントができやすい環境ができる。

報告を上手にまとめるコツ

日本語でいちばん正しい言葉は数値である。意味することは人を迷わせないこと。誰に聞いても４月 10 日は４月 10 日であるので、迷わない。人が人に対して行うコミュニケーションでは迷いやまちがいを起こさない方法が基本である。この数値を使って報告をする時のポイントは以下の通り。

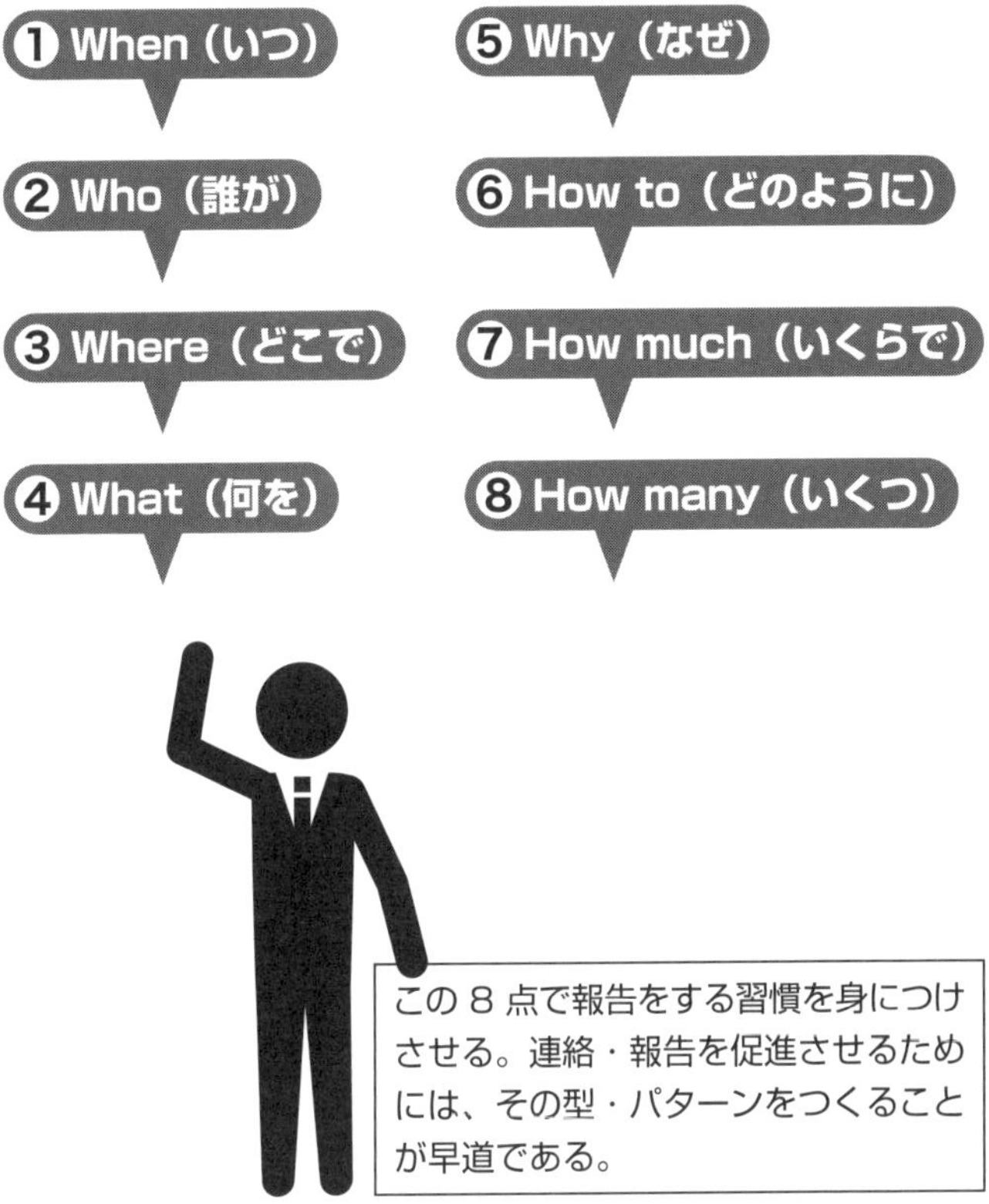

① When（いつ）
② Who（誰が）
③ Where（どこで）
④ What（何を）
⑤ Why（なぜ）
⑥ How to（どのように）
⑦ How much（いくらで）
⑧ How many（いくつ）
この８点で報告をする習慣を身につけさせる。連絡・報告を促進させるためには、その型・パターンをつくることが早道である。

ルール

24

「誉め方」「叱り方」でメンバーの仕事能力をアップ

■「誉める」はその人を認める行為

人間の原始的な欲求の中に、「人に認めてもらいたいとする欲求」と「組織に属していたいとする欲求」があります。子どもが「鉄棒の逆上がりができるから誉めて」とおねだりする行為や、母親が他人の子どもを抱っこすると自分の居場所を取られた気持ちになり、やきもち泣きをする行為は、この典型的な事象です。

「誉める」とは、その人を認める行為であり、チームの大切な一員として考えていることを表す行為です。

アメリカの有名な成功哲学を説くD・カーネギーはその名著『人を動かす』のなか

で人に好かれる6原則を、①相手に誠実な関心を寄せる、②笑顔を忘れない、③名前を覚える、④聞き手にまわる、⑤相手の関心のありかを見抜く、⑥心から誉める、と述べています。

人は誰でも「LOOK　ME」です。自分自身に関心をもっているエゴイストであるし、「さすがにあの人ならでは、だ」と認められたい。人は誉められればうれしいし、それが自信につながる。誉めることは、その人を認める行為だから当然チームワークがよくなります。

誉める場合はより具体的に誉めることがポイントになります。

「すごいね、よくやってくれた」という誉め方より、「○○君のおかげで、来月の見通しが立ったよ。社長も喜んでいたよ」のほうが具体的です。つまり、「何が、なぜ、どれほど良いのか」を説明するのです。

20代のメンバー世代は、誉められながら育ってきた世代です。だから、具体的に誉めることの重要性が求められます。

「頑張れ」だけで頑張れる人はいないといいます。「誉める」とは、説得の技術であり、「早く仕事を覚えてほしい、成長してもらいたい」と動機付けすることです。

■「叱る」と「怒る」は違う

「叱る」とは、社員の行動がルール・基準から外れていることを伝え、どのように行為すべきかを教えることです。感情的になり、怒鳴ることで、社員の行動がルール・基準に合うようになれば、楽な話です。

瞬間はそうなるでしょうが、長続きはしません。**「叱る」とは気づかせる、見ていることを意識させる、問題意識をもたせる、行動を変化させることが目的となります。**つまり、「叱る」とは目標通りにやらせていくコントロール技術の一つなのです。

■「叱る」の基本を理解する

ダメな叱り方はすぐに感情的にさせることです。怒るわけではありません。叱るとは気づかせる、見ていることを意識させる、問題意識をもたせる、行動を変化させることです。

誉める際に、押さえておきたいポイント

① できたその場、その時に誉める

② 行動プロセスを見て、結果だけを見ない

③ 自分が何をどのように評価しているかを明確にする

④ 普段からプラスの声かけを行う

⑤ 第三者を通して、間接的に誉めることも重要

⑥ あなた自身の正直な感想・意見を、率直に語る

⑦ TPO はあるが可能な限り、人前で誉める

「誉める」とは、説得の技術でもある。

そのためには「なぜ、叱られているのか？　どうしたら改善できるのか？」を相手に考えてもらわないと、同じことの繰り返しになります。

具体的に叱ることです。「○○はしてはいけない」より、**「○○をしていこう」のほうが受け入れやすさがあります**。ストレス耐性の低い若者が増加していることを念頭におきながら、「俺の時代は怒鳴られて育った……」は関係ないことを理解してください。

■小さなことでも誉める

リーダーは、部下たちの仕事ぶりを「当たり前」のことと見がちです。「それが仕事だから、そのくらいできて当たり前、やって当然」などといった具合です。

しかし、小さなことに気がつき自らすすんで実行する、仲間の立場で考えてひと声かけるなどの一見些細なことを積み重ねてこそ、信頼感やチームワークが確立されます。

したがって「小さなことでも誉める」「目立たない長所や努力を探し出してでも誉

相手を理解したうえで叱り方に工夫をすることが大切

① 短く叱れ

② 年上には叱るTPOを意識する（場所・タイミング）

③ 感情的にならず、固執してはならない

④ 叱り方の基本は個別指導

⑤ 叱るほうは、「自分に落ち度がない」などと錯覚してはならない

⑥ 結果を叱らず、行動だけを叱るように

⑦ 相手の立場をよく理解し、叱る時の言葉は気をつける

叱る場合は、TPOを考えること。とくに難しいのが、リーダーより年上のメンバーを叱る場合。人前で叱るより、二人きりの状態で言葉遣いに気をつけて叱る。感情的にしかれば、逆効果になる。

める」ことが大切なのです。**小さなことでも誉めることは部下を見つめ続けることで**もあります。

第7章

メンバーとさらに心を合わせるリーダーのルール

何事も足元が肝心。「人を動かす」ためには日頃からのコミュニケーションを通じて信頼関係をどう構築するかにかかっている。最後の章では、その基本的な心構えから、スキルまでを紹介。

ルール
25
メンバーに「気づかせる」話し方を身につける

メンバーとのコミュニケーションを通じて信頼関係、メンバーに前向きな気持ちを持たせる話し方ですが、以下の点を参考にしてください。

「調子はどう？」

声かけをする機会を増やすことで、メンバーの心理的な壁を取り除く効果を期待できます。そうすれば、メンバーはリーダーに対して話しやすくなり、コミュニケーションが円滑に図れます。

「どう思う？」

この言葉も気軽に使うことができます。このように話しかけられれば、メンバーは自分の考えや思うことをリーダーに話すことができます。メンバーが話しやすくなるだけでなく、メンバーは自分で考える力を鍛えていくという効果も期待できます。

「○○という点が、成長したなぁ」

「さすが○○さん」と気軽に使える言葉で数多く誉めることも有効です。

この誉め方のポイントは、「○○という点」というように誉める内容を絞り込んでいることです。メンバーはきっと2つの言葉の組み合わせによる誉め方で「いつも自分のことをしっかりと見てくれている」と感じるのです。

「どうすればできるようになる?」

仕事に失敗したメンバーに対して「なぜできなかった?」と質問をしていませんでしたか。このような質問をメンバーにしても、後ろ（＝失敗したこと）を振り返るばかりで、メンバーの気持ちを前向きにさせることはできません。失敗したメンバーにとって必要なのは、「失敗した原因」ではなく「次に成功するための対策」です。未来についての問いかけが必要なのです。気持ちを前向きにさせる問いかけが必要なのです。

メンバーへの問いかけにひと工夫することで、メンバーの気持ちを前向きにさせたり、気づかせたりすることが期待できます。

ルール
26 普段のコミュニケーションを軽視しない

■リーダーの働きかけがカギを握るテーマ

メンバーはリーダーの態度や表情をよく見ていますし、リーダーが想像する以上に気にかけているものです。ひと言、声をかけられただけでモチベーションが上がるということもあります。逆に、せっかく成果を上げたのにリーダーが無反応だったら、やる気が失せて当然です。

次ページのことで自覚症状はありませんか？　コミュニケーションは共有化した職場の目的・目標を達成するために、不可欠な信頼の絆です。

そして、コミュニケーションはリーダーの働きかけからスタートするのです。

あなたの自覚症状をセルフチェック

- ☑ メンバーの話を聞くとき、作業を続けたままの体勢が多い
- ☑ メンバーに話しかけられて、じっくり聞いていられなくなった
- ☑ 雑談も含め、メンバーに声をかける機会が減った
- ☑ チームのミーティングがキャンセルになることが増えた
- ☑ ミーティングではメンバーの発言が減り、沈滞気味である
- ☑ 気になる様子のメンバーがいても、声もかけないままになりがち
- ☑ 仕事の結果や仕事ぶりについての評価をフィードバックしていない
- ☑ メンバーを誉めることも、叱ることも少なくなった
- ☑ 「あとで聞くから」と言いながらも、話を聞かずじまいになる

ルール
27
問題解決の思考回路をメンバーに植え付ける

■問題解決には問題を見せることから始まる

問題のない会社はありません。だから、仕事は問題解決であるといわれるのです。

仕事では、その持ち場で発生する、あらゆる課題、問題を適切に解決していくことが求められます。そのためには、常日頃から積極的な問題意識をもち、実務知識を活かして状況に応じた適切な問題解決を図らなければ、会社の発展はありません。

リーダーが、ある状況について「これは問題であり、解決すべきだ」と考え、説明しても、メンバーから「それは別に問題ではないのではないか?」「確かに問題だけれども、もっと大事な問題があるのではないか?」といった反応はよくあります。チームとして問題解決を実践する時に、リーダーに求められるのが「**目指す状態を〝共有〟させること**」と「**現状を〝見える化〟すること**」です。問題解決の思考プロセスがチームに定着すれば、解決実行力は高まります。

そもそも仕事の問題には、正解がない同じ状況でも、人によって、置かれた立場の違いや状況によって問題の捉え方は大きく異なります。一人ひとりが問題にしている問題を「いかに共通な問題にしていくか」というプロセスが必要になります。

問題のない会社はどこにもありません。そして問題は誰にでも見えるわけでもありません。だから、問題を多くの人に見せる工夫が必要となるのです。

■問題を意識することを高める

誰かの目を通してのみ問題となるのではなく、メンバー共通の問題として捉えられるようにします。問題の基準が共有化されなくては、何を問題とするかがバラバラになります。基準が共有化されてこそ現状に対しての問題を共有化できるチームに成長します。

一人ひとりの基準の意識には差があり、チームとして目指す目的や期待する目標をすり合わせる必要があります。

基本的に「目標・理想・あるべき姿」があるから、現状と比較するとギャップがでて、問題点は生まれます。業績の良いチームの基準における特徴は、①目標、②現状、③差額・ギャップの3点をメンバーが業績基準として理解しているので、打つべき手がズレない。ズレないから業績を上げやすくなるのです。

繰り返すようですが、組織運営とは、チームの目的・目標達成に向け、リーダーがメンバーの力を活用して業績を上げることをいいます。一つの共通目的・目標に向かって人の能力を結集されることが運営のポイントになります。ゆえに、組織には、人が動きやすくするために共通の価値観が必要となります。

リーダーは組織に必要な共通の価値観を訴え続け、組織・メンバーに共通の価値観を意識させることが必要です。**「チームの目指すものは何か」という目的意識があるから、そのなかで自分は何をすべきかの意識がうまれます。**問題のない会社は世の中に一社もありません。どの会社も問題点だらけであり、だから昨日より成長する可能性を秘めているのです。

問題解決を促す際に押さえておきたいこと

現場でよく発生する基準に関する問題現象の５点

○それでよいと思っていた……基準が不適当
○これぐらいで大丈夫と考えた……基準が曖昧
○まさかと思っていた……基準がない
○うっかりしていた……基準通りにしていない
○知らなかった……基準を教えていない・知らない

問題の定義

○よくない状態
○悪い状態
○もっとよくできると思う状態
○迷惑をかけている状態
等をいう

問題を意識するには、次の４点が重要

○そのことについての知識・経験があること（知識・経験）
○目的や目標が何であるかを知っていること（目的意識）
○それが自分の問題であると感じること（役割認識）
○自分が何とかしなくてはならないと感じていること
（当事者としての自覚）

ルール
28
会議・ミーティングはコミュニケーションの要《かなめ》

最近の働き方革命の一環で、会議・ミーティングの見直しが活発に行われています。元来、会議とは業績の目標を達成させるために必要な手段です。

しかし、その手段のやり方・方法を理解している会社は少なく、会議の役割が不明確な会社が多いと感じます。

■コミュニケーションの目的

そもそも職場におけるコミュニケーションの目的には次の点があります。
○目標・方針の共有。お互いのベクトルを合わせるために必要
○チーム共通の問題把握と解決へのすり合わせ

○チーム目標のためにそれぞれのメンバーが何をするかの役割確認
○チームとしての達成度、プロセス確認をするために必要
つまり、コミュニケーションは、職場の目的・目標を共有化し、達成するために不可欠な信頼の絆となります。会議運営の本質を考えると、「会して議し、議して決し、決して行い、行いてその責をとる」となり、その役割を考えると205ページに紹介する視点が重要となります。

なおここで、会議とミーティングの違いについてご説明しておきたいと思います。

■トップコメントでメンバーを納得させて動かす

会議におけるトップコメントとはメンバーに会議の冒頭で、チームが置かれている現状を説明することです。

全体の森を把握させ個々の木について説明します。「チームが現状置かれている現状」とは外部環境、お客様の動向、ライバル動向、会社状況等です。これらを説明したうえで、チームの進むべき方向性、そして目標の重要度・優先順位を明確にして伝

えます。そうすると、部門方針そのものの背景・要因・対策の理由がわかりやすくなり、メンバーはより正確に理解します。

チームリーダーの役割として、方向性を立てたうえで、知らせる機能があります。知らせて、理解させ、納得させないとメンバーは自分のやるべき役割を考えません。自分で考えないと、動きません。結果プレイングマネジャーの悪循環スパイラルにはまり、自分でやるしかなくなり、成果が出ない構造に陥ります。状況説明は月1回の部門会議で実施します。会議の検討項目の最初にチームリーダーの状況説明を入れます。**時間は5～10分ぐらいでしょう。**

話す内容ポイントは次の3点です。

1　自分たちの状況はこうだ

2　そして周りの環境はこうである

3　だから、自分たちはこのように進んでいく

現状、周りの環境を考えて、自分たちが今月をどのように進んでいくのか？　その重点とすべき内容とその理由をメンバーに理解させることがチームリーダーの最重要の役割となります。

会議体系を組み立てる

① 会議の役割を考えると以下の視点が重要となる

○目標や方針を徹底する場
○社員の意識統一の場
○予実績の検討の場
○問題点解決の場
○明日から現場で実行する具体策を決める場
○やるべきことをできるようにする教育訓練の場

② 会議体系は 3 つの流れを理解し、組み立てる

毎月単位で行うこと（基本方針と実践策の検討）

●リーダー会議 …… 基本方針検討（毎月月初に実施 ）
前月の反省とともに全社的に当月にやるべきことを業績・業務の両面から検討。その対策を検討し、その後の各部門会議へやるべきことを伝達していく
●各部門会議 …… 実践策検討（毎月リーダー会議後に実施）
前月の反省とともにリーダー会議で検討された業績・業務の両面の対策を踏まえ、部門毎でやるべきことを明確にして、当月の決定事項を決めていく

毎週単位で行うこと（実践策の羅針盤機能とチェック・コントロール）

●リーダーミーティング …… 実践策の羅針盤機能（毎週実施 30 分間）
リーダー会議・各部門会議で決めた業績・業務の対策進捗状況の把握を行い、そして月末までにやるべきことを再確認して、全体朝礼にて社員に指示命令を行う
●部内ミーティング …… 実践策のチェック・コントロール機能（毎週実施 15 分間）
各部門会議で決めた業績・業務の両面の対策の進捗状況の把握を行い、そして月末までのやるべきことを再確認する

毎日単位で行うこと（デイリー業務の確認）

●部内ショートミーティング …… デイリー業務の確認
部内ショートミーティングは毎日実施 5 分間。当日やらねばならないことを部門内で確認する

ルール
29 できるリーダーは仕事の任せ方がうまい

■上手に任せる、3つのツボ

できるリーダーになるためには、仕事はメンバーに任せてやらせることが必要です。いまの仕事をメンバーが担当すれば、リーダーは「新たな仕事」「一段上の仕事」に、時間とエネルギーを費やすことができます。

できるリーダーはメンバーに以下の3つのことを教えています。

ツボ1　集団の規範

挨拶、言葉遣い、態度、職場の規律など、社会人としてどう振る舞うべきかの手本を示すこと。躾であり、比較的短期間で身につけさせます。

ツボ2　仕事のやり方を教える

躾とは異なり、仕事のやり方はすぐに身につきません。順を追って課題を与え、ある程度の時間をかけて少しずつ「できること」のレベルを上げていきます。

ツボ3　仕事の意味を語る

この仕事は会社の中で、どのように位置づけられるのか。それを担当するメンバーは、会社の中でどのような役割を果たしているのか。そして、この会社で働くことで、お客様や社会に対してどのようなうれしさや楽しみを提供しているのか。自分の体験を語ることが大切です。

■メンバーを動かすのはリーダーの力量

メンバーができることをメンバーに任せずに、上司が自ら手がけてしまうようではリーダーとしては失格。できるリーダーは「自分がいまより一段上の仕事をするには、どの仕事を誰に任せればよいだろうか」と考えます。逆にできないリーダーは、「他の人間に任せるくらいなら、自分でやったほうがよっぽど早い」と、まるで反対の考え方をします。

しかし、その割にはいつも目先の仕事に追いかけられ、思ったほどには仕事が片付かないというのが実態です。これでは、いつまでたっても忙しさは解消されず、本質的な問題解決はできません。**忙しさにちょっと目をつぶり、あえてメンバーの指導・育成に時間を割く**。やや遠回りのようでも、結果的にはメンバーにある程度の仕事は安心して任せることで、生産性の低いリーダーの仕事は減っていくのです。

仕事を任せる場合は、「なぜ任せるのか」を相手によく理解させる必要があります。こちらの考え方を理解し、その意図を受け入れて、同じ気持ちをもってもらうようにします。それには、リーダーとしての説得力が求められます。

任せたい仕事を示し、なぜそうするのかの理由を説明する。任せる仕事内容を詳しく説明し、どこまでの範囲をやってもらうのかをはっきり示す。任せるだけの能力をメンバーがもっていることを理解させ、相手に実行を促すのです。

■チームを動かす仕事を任せていく

マネジメントバランスとはチームを動かすために必要な総マネジメント工数に対するチーム各人の担当比率です。210・211ページをご覧ください。

これは、自分のチームを動かすために必要なマネジメント業務をピックアップします。それを毎日、「週単位」「月単位」「3・6・12カ月単位」「スポット業務」に分類します。そのマネジメント業務には、判断技術や固有技術の必要性があるかを確認して、現状は誰が実施しているかをチェックします。私が見る限り、一般的にはプレイングマネジャーのマネジメントバランス担当比率は70〜100%。これではプレイングもしながら、チームに戦術機能を持ち込み、効率性を高めることは難しいでしょう。

プレイングマネジャーはマネジメントバランス担当比率を70%以下にすることを目指すべきです。そのためにはサブリーダーにマネジメントを委ねていき、工数を減らさなければ現実的にチームに戦術機能は根付きません。つまりチームを動かす仕事を任せていくことが必要なのです。

212・213ページのように、チームを動かすためのマネジメント項目をチームメンバーに分担させていきます。チーム運営の理想形は小学校のクラス運営です。誰もが役割を担ってチームを動かしていくのです。

	改善	
誰が実施しているか	誰に実施させるか	判断業務・固有技術が必要なテーマを新担当者にやらせる方法
マネジャー	B	梱包時間の目安を伝えるのと、梱包作業をしている過程を見て褒めるところや改善するところがないかどれくらいの頻度でやるか伝える
A		
マネジャー		
マネジャー		
マネジャー		
マネジャー		
マネジャー		
マネジャー	B	資材の適正在庫を伝えたうえマニュアルの説明と補足をする
A		
マネジャー		
マネジャー	B	社内出荷分のスケジュールと納品されている商品に対して何人検品の手が必要か判断をする基準を伝える
マネジャー		
マネジャー		

》

B		
マネジメント工数	工数	比率
	0	0%
マネジメント工数	工数	比率
	3/13	23%

の兼ね合いの部分）を教え、自分で判断が

チームマネジメントバランス分析により、チームを動かす仕事をピックアップして、現状は「誰が」「どのぐらい」担当しているかを確認する。バランスの基本はマネジャーのマネジメント項目を全体の60%以下に抑えること。そのためにメンバーに仕事を分担して、全社員でチームを動かす体制を目指す。

チームマネジメントバランス分析表

	マネジメント業務	現状			
区分	業務	判断業務		固有技術	
		可	不可	可	不可
毎日	パートさんの梱包状況の進捗確認と声かけ	✔		✔	
	パートさんの検品状況の進捗確認と声かけ	✔		✔	
	気持ちよく仕事がスタートできるように自分から元気な挨拶		✔		✔
	困っているスタッフがいないか視界にいないか確認		✔	✔	
	作業完了報告に対してどんな些細なことでもありがとうを言う		✔		✔
	作業中でも他部署からの依頼事項を最優先でこなす	✔		✔	
週単位	コンビさんとの出荷データのやり取り	✔		✔	
	梱包資材の在庫の確認	✔			✔
	外注倉庫に預ける荷物の移動の声かけ		✔		✔
月単位	台屏風のメーカーさんと連絡	✔		✔	
	外注倉庫での台屏風の検品スケジュールの確定	✔			✔
3・6・12カ月単位	外注先の倉庫の担当者との打ち合わせ	✔		✔	
スポット業務	女性が多いからこそ力仕事等率先してやる	✔		✔	

マネジメント分担の改善を実施するうえでのポイント

全体マネジメント工数《　　　　　　　13

	マネジャー			A		
現状	マネジメント工数	工数 11/13	比率 85%	マネジメント工数	工数 2/13	比率 15%
改善	マネジメント工数	工数 8/13	比率 62%	マネジメント工数	工数 2/13	比率 15%

10月に異動してきたスタッフにいかに業務を渡せるかがポイントになってくる。
判断業務を渡していく予定なので、何をもって判断するか（適正在庫や部のスケジュール
できるようにトレーニングする必要がある

	改善	
誰が実施しているか	誰に実施させるか	判断業務・固有技術が必要なテーマを新担当者にやらせる方法
田中	山田	
田中	田中	
田中	鈴木	
田中	鈴木	
田中	山田	
田中	田中	
山田	山田	
田中	田中	
田中	山田	
田中	田中	
田中	山田	
山田	山田	
田中	田中	
田中	田中	
山田	山田	
鈴木	鈴木	
鈴木	鈴木	
田中	田中	
田中	田中	
田中	田中	
田中	田中	
田中	田中	

ジメント工数≪22≫

鈴木					
マネジメント工数	工数	比率	マネジメント工数	工数	比率
	2	9%			
マネジメント工数	工数	比率	マネジメント工数	工数	比率
	4	18%			

偏りすぎている。改善後は 11 工数で比率は 50%にメンバーに振り分けているので、チームを動かしやすくなっている。

【チーム運営代行能力をアップさせる具体策】 マネジメント業務事例

区分	マネジメント業務 業務	現状 判断業務 可	判断業務 不可	固有技術 可	固有技術 不可
毎日	①今日の仕事の確認	○			○
	②指示命令事項	○			○
	③決定事項チェック		○		○
	④勤怠・労務確認		○		○
	⑤目標のすり合わせ		○		○
	⑥日報確認	○			○
週単位	①案件進捗確認	○		○	
	②営業ミーティング	○		○	
	③顧客動向	○		○	
	④来週の業務予定		○		○
	⑤目標の差額対策の確認		○		○
	⑥PJの確認	○		○	
月単位	①業績対策【部門・個人】	○		○	
	②来月以降の差額対策	○		○	
	③業界動向	○			○
	④経費管理・外注管理		○		○
	⑤請求・仕入れ管理		○		○
	⑥個人面談	○		○	
3・6・12カ月単位	①四半期会議報告	○		○	
	②営業利益管理	○		○	
	③個人評価	○		○	
	④事業部方針作成	○		○	

	全体マネ					
氏名	田中			山田		
		工数	比率		工数	比率
現状	マネジメント工数	**17**	**77%**	マネジメント工数	**3**	**14%**
		工数	比率		工数	比率
改善	マネジメント工数	**11**	**50%**	マネジメント工数	**7**	**32%**

全体のチームマネジメント工数は 22。田中マネジャーが 17 工数と比率は 77%、チームにおけるマネジメントバランスが

■サブリーダーと上手に連携する

サブリーダーのチームに対する補完機能としては次の4つがあります。

1　目標の共有化
2　決定事項のチェックと牽制
3　自己の役割における責任の遂行
4　規律重視の働きと守れない時の指摘

この観点から、チームを動かすために必要なマネジメント業務がいくつあるかを抽出します。それを現状では誰がどのぐらい担当しているかを分析します。そのうえで、**プレイングマネジャーの担当比率が70％以下になるように**、誰に何を分担してもらうかを考えます。

チームを動かす仕事をプレイングマネジャーが一人で行うとチームは動きません。そのためにチームを動かす方法を全社員で考えます。

仕事を任せるのが上手な人の特徴

① 事前の対応

- どの仕事に誰が適任か、よくわかっている
- メンバーの力量を定期的に分析・把握している
- 速やかに仕事を委ね、実行までの十分な時間を与える

② 与える仕事の説明

- 目的・目標をはっきりと説明する
- 業務遂行に必要な情報をすべて説明する
- 行動に移る前に、相手に業務内容をきちんと理解させる
- 期限・レベルを設定する

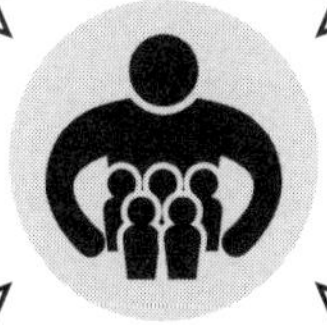

③ 仕事の進捗管理

- 定期的に進捗状況を確認する
- 部下が説明と助言を求めやすい環境をつくる

④ 仕事の進捗管理

- 最終的な責任は自分が負うが、功績は職務を遂行した人間に与える
- 実施した内容に評価を下し、仕事の可否を説明する
- 新たな責任をもたせることで、相手の成長を促す

著者紹介

小池浩二（こいけ・こうじ）

マイスター・コンサルタンツ株式会社　代表主席コンサルタント
国際公認経営コンサルティング協議会認定 CMC

中小企業専門の経営コンサルタントとして1997年4月に神奈川県横浜市にて創業。実践に基づいた中小企業成長戦略のシステムづくりを旨とし、これまで経営診断・経営顧問・研修等で1000社以上に関わる。特に「年商10億・30億・50億・100億の壁を突破させる方法」には実践的で中小企業向けと定評があり、全国各地からコンサルティング依頼が絶えない。また、500人以上のプレイングマネジャー育成から開発した独自メソッドも日本初となるプレイングマネジャーの専用HP「プレイングマネージャーの仕事術メソッド」にて公開。2018年から、中小企業の人財基礎力アップのための教育動画チャンネル会社として、OJTチャンネル株式会社を立ち上げて、新たな活動を展開中。
著書に『プレイングマネジャーの仕事』『なぜ会社がうまくいかないか？』『売上を"1ケタ"上げるための社長の教科書』など（いずれもあさ出版）

【マイスター・コンサルタンツ株式会社】
〒104-0061
東京都中央区銀座4-13-14 銀座メイフラワービル5F
TEL：03-6264-0927　FAX：03-6264-0928
URL：http://www.m-a-n.biz
●プレイングマネジャー専用HP
「プレイングマネージャーの仕事術メソッド」　http://pmjm.biz

プレイングマネジャーのルール
全社員《ぜんしゃいん》でチームを動《うご》かす　〈検印省略〉

2019年　4　月　13　日　第　1　刷発行

著　者――小池 浩二（こいけ・こうじ）
発行者――佐藤 和夫

発行所――株式会社あさ出版
〒171-0022 東京都豊島区南池袋2-9-9 第一池袋ホワイトビル6F
電　話　03（3983）3225（販売）
　　　　03（3983）3227（編集）
F A X　03（3983）3226
U R L　http://www.asa21.com/
E-mail　info@asa21.com
振　替　00160-1-720619

印刷・製本（株）光邦
乱丁本・落丁本はお取替え致します。

facebook　http://www.facebook.com/asapublishing
twitter　http://twitter.com/asapublishing

ISBN978-4-86667-130-7 C2034